AF879509

LA VIDA DESPLEGADA

KARINA HENQUIN

LA VIDA DESPLEGADA

EDITORIAL DUNKEN
Buenos Aires
2025

Henquin, Karina
La vida desplegada.
1a ed. - Ciudad Autónoma de Buenos Aires: Dunken, 2025.
128 p. 23x16 cm.

ISBN 978-987-85-4992-7

1. Salud. 2. Autoconocimiento. I. Título.
CDD 158.1

Contenido y corrección a cargo de la autora.
Imagen de portada de Andrea Roggi, obra "The Tree of Life".

Ayacucho 357 (C1025AAG) - Capital Federal
Tel/fax: 4954-7700 / 4954-7300
E-mail: *info@dunken.com.ar*
Página web: *www.dunken.com.ar*

Hecho el depósito que prevé la ley 11.723
© 2025 Karina Henquin
e-mail: kjhenquin@gmail.com
ISBN 978-987-85-4992-7

AGRADECIMIENTOS

Este libro fue gestándose a lo largo de mi vida. Y como todo lo que nace de lo vivido, lleva huellas que no son sólo mías…

A mis padres, por enseñarme el arte de vivir, caer y levantarme. Por su legado que me habita.

A mis hijos, que me enseñaron a vivir muchas vidas dentro de una.

A mis hermanos, por la historia bien compartida.

A las amigas que caminan a mi lado en todas las estaciones.

A mi pareja por alentarme y por tantas experiencias hermosas compartidas.

A mi terapeuta, por su escucha profunda y por ser sostén y aliento en mi camino.

A mi profesora, por animarme a reunir algunos de mis textos y guiarme para compartirlos en este libro.

A los lectores que leen con el corazón abierto.

A la vida, que se despliega incluso cuando no la entendemos y por darme tanto que vivir.

Agradecimiento especial

"Al **Maestro Andrea Roggi** por su Inspiradora obra **The Tree of Life**, cuya imagen me honra acompañando la tapa de este libro. Un símbolo de raíces, vínculos y vida en expansión.

Vamos a robarle unos momentos a todas esas cosas por hacer. Habrá tiempo para eso después. Algún día, aún lejano, cuando lleguemos a la puerta del cielo, no nos van a preguntar si barrimos bien la acera; allí nos preguntarán si elegimos vivir intensamente y hasta qué punto llenamos nuestras vidas...

Clarissa Pinkola Estés

PALABRAS DE LA AUTORA

Hay momentos en los que sentimos la necesidad de abrir la vida como si fuera un mapa antiguo, lleno de dobleces, marcas y huellas de los caminos recorridos. Una vida no se escribe en línea recta: se despliega. Se desarma. Se contempla con asombro, con dolor y ternura. En ese acto de desplegarla, algo se ordena. Algo sana. Algo vuelve a tomar vida.

Este libro nació de varios capítulos escritos en mi historia y de la necesidad de mirar hacia atrás sin quedarme atrapada. De nombrar lo vivido para dejarlo ir y acogerlo con una mirada nueva. De darle voz y luz a lo que transito hoy.

Me detuve en escenas que merecían ser rescatadas, no por grandiosas, sino por humanas, sabiendo que la memoria no es un archivo perfecto, sino un eco emocional que cada instante deja en nosotros.

Aquí están mis mudanzas, mis maternidades, mis duelos, mis amores, el deporte, lo que me hace bien, mis preguntas. Aquí está lo que aprendí del silencio, de los cuerpos, de los vínculos y del paso del tiempo. Aquí están los hilos que me sostienen –invisibles pero vitales– y también los que solté para seguir andando.

La vida desplegada es también una invitación a que mires tu propia vida con otros ojos. Por eso, al final de cada estación del recorrido, encontrarás preguntas para sembrar tus palabras, escuchar lo que has callado y narrarte, aunque tiemble la voz.

Porque lo que se cuenta encuentra lugar.

Porque la vida, cuando se despliega, respira.

SEMILLAS DE IDENTIDAD
Y RAÍCES FAMILIARES

1. SEMBRANDO PALABRAS, COSECHANDO LEGADO

Cada secreto del alma del escritor, cada experiencia de su vida, cada cualidad de su mente, está escrito en sus obras.

VIRGINIA WOOLF

> *Este relato es una invitación a detenernos y expresar lo que fuimos, somos y entregamos. No se trata de grandes hazañas, sino de instantes que al ser recordados y compartidos, adquieren un nuevo sentido.*
>
> *Sembrar palabras es un acto simple y poderoso: me conecta con mis emociones y al mismo tiempo, abre la posibilidadd de dejar huella en otros.*

La escritura como acto de trascendencia

En mi familia estamos trabajando en descubrir y saber más sobre nuestros ancestros. Hemos encontrado, tanto en papeles, fotografías y documentos amarillentos, como así también en archivos digitales que hoy nos proporciona la nueva era, imágenes, retratos e información de quienes nos precedieron. Cada hallazgo nos sorprende: cartas, permisos para circular en guetos, registros de nuestros familiares ultrajados en campos de concentración, pasaportes de los que han logrado escapar en tiempos de guerra, padres e hijos, familias enteras que debieron separarse para no verse nunca más, algunos salvarse, recomenzar de cero. Al observar sus rostros en los retratos, reconocemos miradas tristes, de distintos momentos difíciles que han transitado, entre algunas otras imágenes. Muchos se han debido despojar de todo, pero seguramente no de la memoria. Muchos se han ido sin contar, y nosotros sin saber. Sin entender la energía que heredamos mas allá de la sangre.

De allí mi necesidad de conocer de qué batallas venimos de varios siglos atrás. A veces imagino un libro que trascienda con algo escrito de cada rama y generación, y continuar completándolo a través de los siglos con algo que los identificó. Un libro intergeneracional. Para leerlos, comprenderlos, saber de nuestro origen, mensajes que nos hubieran querido transmitir, y continuarlo, cuan árbol genealógico con relatos de vida.

Ignorar la riqueza del pasado es como enterrar un objeto valioso. Si al visitar un cementerio te dicen "aquí yace tu bisabuelo", ¿no te gustaría saber quién fue?, ¿cómo vivió?, ¿cuáles fueron sus sueños, sus luchas, sus pequeños placeres cotidianos?

Pienso entonces cuánto más sabríamos de nosotros mismos si pudiéramos leer esas voces... tal vez escribir sea la manera de escuchar.

Escribir, una necesidad

Desde chica, la escritura fue mi refugio. Llenaba libretas con poesías y cuentos en letra manuscrita de primaria, que aún conservo.

Mis diarios quedaron inconclusos en varios cuadernos. La catarsis se manifestó en palabras escritas. Al releerlas, veo líneas borroneadas, rastros de lágrimas que cayeron mientras escribía.

Otros textos guardan recuerdos de momentos y viajes lindos que capturé en páginas para poder reencontrarme con ellos algún día.

Mis apuntes de los talleres de escritura también están apilados.

Pero esa necesidad latente de escribir con continuidad, de sacarlo del escondite, esperó su momento.

Ahora, cuando veo con mayor sabiduría lo vivido, se me presenta una nueva oportunidad de vida, y me concedo ese espacio para contar anécdotas, emociones, elecciones. Lo que me gusta y lo que me marcó.

Quizás mis palabras resuenen en otros.

Quizás alguien se vea reflejado en mis experiencias, en mis momentos más intensos y plenos.

Será una gratificación adicional que alguien encuentre valor en ellas. El proceso ya merece la pena.

Fuí maratonista, pero nunca corrí maratones para ganar, sino para disfrutar cada kilómetro.

Escribir es igual: el goce reside en el camino, no solamente en el lugar al que llegar.

Ordeno ideas, vivencias, sentimientos. Los transformo en palabras para que no se esfumen.

En una libreta o en el celular, atrapo esas chispas fugaces que se me cruzan en la mente o en el corazón, para que no se me olviden.

Puede ser ficción o autobiografía, cualquier estilo. Recordar, inventar, imaginar, detallar, sentir mientras tecleo es tiempo creativo ganado, gozado.

Escribo bastante por la mañana y hago un registro de mi estado a través de las palabras. Eso me permite vaciar lo que la noche –de sueño o de insomnio– me dejó dentro.

En esos momentos escribo sin filtros, sin pensar en un lector. Escribo para mí. Incluso lo hago con la posibilidad de descartarlo.

La escritura matutina es un escaneo, una manera de centrarme y liberarme y hasta manifestar mi intención para ese día por vivir. En esas líneas también agradezco amanecer con vida y celebro todo lo bueno que poseo. Y a la vez maldigo quehaceres o dolores que, al ser plasmados, también se alivianan.

Por la tarde y por la noche es cuando más fluye mi creatividad. Las horas pasan casi sin darme cuenta. No me acuerdo de nada ni de nadie, solo estoy ahí con el texto y mi sentir.

Me detengo cuando alguna necesidad física me lo recuerda: me estiro, busco agua, un mate o me voy a dormir.

A veces, en plena madrugada, me levanto a modificar una frase que viene a mi mente. Locura, pasión, conexión. Se genera un hilo con los textos que no controlo. Simplemente surge.

Desde que escribo más, también disfruto, siento y percibo con más claridad.

La escritura también tiene sus estaciones. Sequías de ganas, necesidad de descanso. El impulso es genuino, lo hago cuando la expresión me lo pide, sin forzar. El silencio se convierte en nutriente y en aliado, ahí voy a poder crear y me siento en paz. Cada vez valoro más esos momentos de soledad creativa. Me regalo este espacio sin culpa.

Escribo, releo, agrego, corrijo.

Mi editora pule mis palabras, pero la emoción que las originó permanece intacta. Lo esencial es que fluya, que sea auténtico, que nazca del corazón.

Escribir hace que mi día sea positivo. Avanzo en modo silencioso, aunque nadie lo vea.

Escribir me permite también darle un nuevo sentido al pasado. Puedo reafirmar mi punto de vista, manifestar una visión y renovar la forma de percibir lo vivido.

Y así, con cada palabra escrita, el silencio se vuelve voz.

La vida se despliega en historias que nos habitan y nos trascienden.

Preguntas para reflexionar

- ¿Qué historia de tu familia te hubiera gustado conocer en profundidad?
- Si alguien del futuro encontrara un texto tuyo, ¿qué te gustaría que supiera de vos?
- ¿En qué momentos de tu vida la escritura fue –o podría ser– un refugio?
- Si aún no escribís, ¿te animarías a intentarlo con una breve anécdota personal?
- ¿Qué historias familiares necesitan ser contadas una vez más?

2. LA ÚLTIMA GENERACIÓN DE EL TALITA: UN CAMPO QUE VIVE EN LA MEMORIA

Tu hogar no es donde naciste,
el hogar es donde todos tus intentos de escapar cesan.
NAGUIB MAHFOUZ

Este relato es una inmersión en uno de los paisajes de mi infancia y mi adolescencia, en el campo familiar cercano a Villa Domínguez, Entre Ríos, donde antiguamente se instalaron las colonias judías. La vida en la casa del pueblo y en la del campo conforma un tiempo que permanece intacto y que es profundamente significativo para mí. Fuimos la última generación que pudo vivirlo de cerca. Y quizás, con el tiempo, estas palabras ayuden a comprender aún más de dónde vienen muchas de las cosas que compartimos.

Recordar es revivir

El mate que tomo a diario evoca mi infancia en esta zona a la que llegaron muchos inmigrantes judíos, entre ellos los de mi árbol genealógico. Al tiempo de su arribo en barco desde Polonia y Ucrania, obtuvieron parcelas de manos del Barón Hirsch, para instalarse allí y comenzar una vida nueva.

Pensar en esos días me inunda de sentimientos hermosos y fuertes, aunque el final haya teñido todo de tristeza, como relataré más adelante.

Mi tío abuelo José Halperín –Tío Sholem, como lo llamábamos– fue el guardián permanente del campo, un verdadero gaucho de boina, bombacha, alpargatas y un eterno pastito en la boca. Vivía con su compañera Inés en una casa colonial en Villa Domínguez.

En Entre Ríos teníamos dos casas donde habitar y dormir, según la ocasión, al menos una vez al mes. La del campo y la del pueblo. A veces iba toda la familia, otras, solo mi padre con mis hermanos o con algún amigo.

La del pueblo, era una casa vieja iluminada tenuemente con bombillas, con un largo pasillo de paredes amarillas altas que conducía al gallinero, la huerta y las higueras; en ese fondo las latas y las pavas viejas encontraban nueva vida como macetas.

Tenía tres habitaciones y una larga galería con sillas, hamacas y ruedas de carruaje apoyadas contra la pared. Desde allí se veía el jardín, delimitado apenas por alambres flojos y viejas maderas. Para mi era la casa mas hermosa, no por su aspecto, sencillo y con el tiempo algo descuidado, sino por lo que me hacía sentir: afecto y calidez sin lujos.

En la casita del campo había una habitación grande con camas comunes y marineras, donde dormíamos todos, mientras que en otra, más apartada, vivían el peón y su esposa, y más tarde sus hijos.

En ese campo había ganado vacuno, ovejas, gallinas, chanchos y caballos, entre ellos, mi querido Colorado. Con él aprendí a cabalgar y a compartir con mi padre y mis hermanos galopadas intensas, revisando los animales, el trigo, el arroz, el maíz, los alambrados. Gritábamos, látigo en mano, arreando animales... momentos imborrables de libertad compartida.

Las noches estrelladas eran mágicas. Recostados en reposeras, buscábamos meteoritos, aprendíamos sobre constelaciones y planetas: la Cruz del Sur, las Tres Marías, Marte... En esa inmensidad nació mi deseo de ser astronauta, y mis padres, siempre atentos, salieron a buscar libros sobre el universo, las estrellas, los planetas y las naves espaciales.

Mi tía abuela Inés preparaba un dulce de higo casero delicioso, me gustaba ayudarla a arrancar los frutos de las higueras. También había ciruelos y naranjos. Todavía siento el sabor que disfrutamos a cucharazos y luego llevábamos en frascos a Buenos Aires. Duraban poco. En casa se enojaban conmigo porque solía ser la que se devoraba casi todo.

Cuando el menú era pollo, Inés me pedía que la acompañara a elegir una gallina, le cortaba el cuello, la desplumaba, la descuartizaba y después la cocinaba. Me dolía ver el destino de la gallina que había puesto los huevos que yo misma había recogido esa mañana. Cuando me servían el plato, me costaba comer.

Las papas de la huerta acompañaban ese pollo en una ensalada con huevo, un clásico de nuestros viajes. La vajilla siempre ordenada sobre el mantel plástico a cuadros rojos y blancos, testigo de nuestras comidas compartidas.

Los amaneceres y atardeceres aún hoy me transportan a esos días. Me volví fanática de esos momentos naranjas, de paz y silencio, con el sol escondiéndose tras los campos, el graznar de los teros, el mugir de las vacas, el balar de las ovejas y el lejano sonido de los camiones en la ruta. Luego, de noche, los grillos y las ranas se sumaban con sus melodías. ¡Una orquesta improvisada de máximo nivel natural!

Madrugar para ir a recoger los huevos era una alegría, nunca disfruté tanto levantarme temprano, observando la salida del sol... una sensación hermosa me invadía acompañado por el cantar del gallo. Al salir, no sabía cuántos huevos encontraría. A veces dos o tres, a veces ninguno, pero era una intriga que me generaba deseos de madrugar. También ordeñaba a la vaca junto al peón; llenábamos un balde metálico de leche.

Detrás de la casa había un pañol con tractores y herramientas que lindaba con el chiquero de los chanchos, el olor fuerte me impedía acercarme.

Con mis hermanos aprendimos a manejar el Ford Falcon con los cambios junto al volante, allí, en el corral de las ovejas: primera, segunda, marcha atrás, estacionar entre troncos.

Un día, mi papá nos llevó a una aventura épica: ¡íbamos a cruzar el campo a pie! Fueron varias hectáreas y horas de caminata. Cruzamos el arroyo El Talita, donde una araña pollito picó a uno de mis hermanos. Regresamos exhaustos, con la piel quemada, llena de ampollas. El dolor nos impidió bañarnos y vestirnos, y eso puso furiosa a mamá. Dormimos en el suelo porque no podíamos rozar las sábanas, pero estábamos felices.

Otra tarde, pintamos un cartel para la tranquera y elegimos un nombre para nuestro campo: El Talita, por el arroyo. Pasamos toda una tarde tirados en el pasto, pintando letras negras sobre el fondo claro, en una chapa grande, mientras nuestro perro Poroto rondaba moviendo la cola.

Cierta noche, estábamos en el cuarto de la casa del campo con un amigo mío y mi papá, y entró una culebra a la habitación. Fue una odisea matarla, era escurridiza. Finalmente, mi papá la partió en dos con una tacuara, un cuchillo largo que se utiliza para cortar la maleza, y cada parte siguió moviéndose por separado... Dormir esa noche fue difícil, aunque algunas noches más también. Era parte de la vida allí.

Mi madre nunca disfrutó de los bichos, los animales o las cabalgatas. Cuando iba, solía esperarnos leyendo tranquilamente o tejiendo sweaters, bufandas y tapices con ovillos de colores. Allí me enseñó a tejer, los días eran largos y había más tiempo para compartir.

Las yerras y capadas eran una fiesta. Juntábamos a los animales para vacunarlos y ayudábamos en las actividades que podíamos. Los enlazábamos, los tirábamos al suelo y los peones realizaban las prácticas: uno los inyectaba, otro les cortaba los cuernos, otro los castraba y otro los marcaba con el hierro caliente que llevaba la marca de identidad que mi papá había diseñado. Los animales sangraban y humeaban.

Las criadillas solían ser el plato preferido de quienes trabajaban en el campo al terminar dicha jornada. Luego de la tarea, hacían su siesta bajo los árboles y jugaban partidas de truco. Los días de yerras eran días de camaradería entre peones vecinos. El resto de los días pasaban mucho tiempo solos en los campos que cada uno cuidaba.

Para una yerra especial, se invitó a toda la familia y a varios amigos. Cruzamos el campo en el carro tirado por el tractor hasta el lugar donde los animales serían “bendecidos” con todas las prácticas juntas. Gritábamos y alentábamos. Ese día era Pascua y la idea era hacer un gran asado de cordero por la noche. El peón no mataba corderos en esa fecha y mi papá tuvo la valentía de hacerlo. Lo colgaron del molino. Yo no pude mirar. Compartimos una gran mesa al aire libre, disfrutamos del atardecer y luego encendimos una fogata, que se amenizó con charlas, canciones y silencio bajo las estrellas.

Nuestros vecinos cazaban perdices con escopetas. Recuerdo esa vez que nos prestaron las armas y aprendimos a apuntar y a disparar. Las balas eran cilíndricas, todavía recuerdo el olor a pólvora y el estruendo del disparo al salir. Las pobres perdices caían y yo miraba para otro lado. Luego las recogían y algunos las comían, pero yo no.

Cerca del campo, a unos tres kilómetros, estaba Capilla, un pueblo pequeño al que a veces nos mandaban a caballo a comprar algo. Pasábamos por el cementerio Carmel, que fue fundado en el año 1890 por las antiguas colonias judías, donde hay tumbas desde esa época, entre ellas la de mi tío abuelo Sholem y las de mis abuelos paternos, quienes coincidieron en historia y lugar. Muchas tumbas eran viejas, muchas vidas de inmigrantes olvidadas.

A veces, mi papá me habla de las tumbas, que regresan a su memoria, y cada tanto vuelve allí para honrar a sus ancestros y a su historia.

Villa Domínguez fue siempre, para nosotros, un refugio de libertad y seguridad. Pocos habitantes, todos conocidos, calles de tierra, sulkies. La leche se repartía directamente de los tambos. Podíamos andar sin miedo, la vida social se centraba en sacar los banquitos a la puerta para ver pasar a la gente y charlar con los vecinos, ir a la pequeña plaza, donde los hombres se juntaban a jugar al truco o al chinchón. En ese tiempo yo también aprendí a jugarlos.

Mis padres me enviaban sola a la única tienda multirubro del lugar a comprar galletas, pan, arroz, queso, cartas de truco y alguna golosina. Los pocos autos que había eran antiguos y casi todos tenían protectores de parabrisas para evitar que el ripio de los caminos rompiera los vidrios.

Esa sensación de ir y volver por las calles, seguras y silenciosas, más aún en horario de siesta, quedó grabada en mí, una profunda paz que contrasta con el ruido de la ciudad. Un mundo sin modas ni bocinas, sin vidrieras ni semáforos.

Un vuelco en el camino

El 1º de mayo de 1987, mis padres emprendieron el viaje hacia el campo para pasar unos días allí. Llovía. La ruta –conocida como "la ruta de la muerte"– estaba especialmente resbaladiza. Ese camino, angosto y con banquinas en pendiente cerca de Gualeguaychú, era temido por todos.

El auto patinó, se desvió hacia el barranco y dio dos vueltas antes de quedar completamente boca abajo. Mi papá sufrió un golpe fuerte en la cabeza, pero logró salir. Mi mamá quedó atrapada, inconsciente, sostenida por el cinturón de seguridad. Ese mismo cinturón le provocó múltiples fracturas... pero también le salvó la vida.

Papá, desorientado pero lúcido, logró detener varios vehículos que pasaban por allí. El segundo que se detuvo era un médico, quién sugirió que no se la toque, que haría falta una tabla para levantar a mi mamá. El cuarto auto que se detuvo, tenía una tabla. Con la ayuda de ambos conductores, los llevaron hasta una clínica en Gualeguaychú. Ella tenía varias costillas rotas y un omóplato partido, entre otras lesiones más. Fue entonces cuando sonó el teléfono. La voz de mi padre, temblorosa, me pedía que viajara de inmediato.

Viajé con mi tío y una médica amiga. Recuerdo llegar y ver el auto destrozado junto al camino. Fue la primera vez que tuve un ataque de pánico. Me faltaba el aire. Ver el lugar del accidente, tan solitario, tan real, me hizo comprender de golpe la fragilidad de la vida.

Trasladamos a mamá a Buenos Aires en una ambulancia que avanzaba a paso lento, casi a cinco kilómetros por hora, para no agravar sus lesiones. Fueron meses larguísimos de internación, terapia intensiva y, luego, rehabilitación en casa. Teníamos la certeza de que algo había cambiado para siempre.

Después del accidente, la decisión fue inevitable. Mis padres iban a vender el campo. Mamá ya no quería volver. Y nosotros, aún jóvenes y estudiantes, no teníamos cómo hacernos cargo de los remates ni del negocio rural.

Esa fue la despedida, sin ritual. Un cierre abrupto, marcado por la supervivencia y la pérdida silenciosa de esa enérgica etapa. Desde entonces, el campo vive en mí, en el recuerdo intacto de lo que fuimos, pero también en la herida de lo que no pudimos sostener.

Lo que hoy persiste

De algún modo, intenté inculcarles a mis hijos eso que viví y sentí. Les enseñé a andar a caballo desde chiquitos, empezaron con ponys y luego compartimos hermosas cabalgatas en estancias, rodeados de sonidos campestres y atardeceres.

Ha quedado un baúl verde europeo, de la inmigración judía, donde guardábamos sábanas y toallas. Después de vender el campo, lo trajimos a Buenos Aires con las monturas, las marcas y los rebenques dentro; son objetos que me cuesta desechar, testigos de cabalgatas, yerras y de esa inmensidad que tanto disfruté.

Cuando me preguntan por mi animal preferido, mi respuesta es “el caballo”. Admiro su capacidad de pasar del andar tranquilo y sereno al galope más salvaje. Siempre me fascinaron su actitud, su fuerza y su porte; su espíritu libre, muchas veces domado, y con la melena al viento.

También los nombres de mis hijos son un homenaje a aquellos años inolvidables, naturales y energizantes. Tali (טלי) en hebreo se traduce como “rocío” y evoca imágenes de frescura, pureza y renovación. Talita es también el nombre del arroyo y del campo. Uriel (אוריאל) es el segundo nombre de mi hijo y significa “luz de Dios” en hebreo; lo elegí pensando en esos soles que nos iluminaban y nos conmovían, del mismo color amarillo miel de sus ojos.

El campo es una huella inolvidable para mí. Fue raíz de la vida de mi papá, mis abuelos y mis bisabuelos inmigrantes. He sido parte de la última generación que pudo disfrutarlo.

Agrego un pequeño relato que convoca a este legado y a este campo: Mis abuelos paternos se conocieron allí, en Entre Ríos. Después de apenas tres encuentros organizados por un shidaj (arreglo matrimonial tradicional), se casaron en ese campo, acompañados por unos pocos vecinos del pueblo. Luego se fueron a vivir a un conventillo de Buenos Aires. El idish fue su idioma íntimo siempre, hablado allí por los inmigrantes, y las canciones que me cantaban en esa lengua aún resuenan en mis oídos con sus voces.

La tierra se vendió, pero su espíritu vive.

Cuento todo esto para que ese tiempo y esa intensidad no se pierdan. Para que mis hijos y los hijos de ellos conozcan el alma de nuestra historia allí en Entre Ríos.

Preguntas para reflexionar

- ¿Qué escenas de tu infancia siguen vivas en tu memoria por lo que te hacían sentir, y moldearon a la persona que sos?
- ¿Qué podrías hacer hoy para recrear o transmitir la esencia de los momentos más puros y felices de tu niñez?
- ¿Qué pérdidas abruptas o cierres no transitados dejaste atrás sin despedirte del todo?
- ¿Qué objetos, costumbres o nombres en tu vida actual tienen un valor simbólico profundo?

3. CUATRO GENERACIONES TOMANDO MATE: UN LEGADO FAMILIAR QUE SE COMPARTE Y EVOLUCIONA

Somos lo que hacemos con lo que hicieron de nosotros.
EDUARDO GALEANO

Desde mi resistencia inicial hasta que lo adopté como ritual esencial, el mate se convirtió en una tradición profundamente arraigada. Hoy es compañía, inspiración, un puente hacia el pasado y, quién sabe, también hacia el futuro.

El mate es un legado impreso en el ADN de mi familia paterna.

Mi mamá lo detestaba.

A mí me costó incorporarlo; su sabor amargo, incluso endulzado, me era difícil de tragar.

Durante un viaje a Uruguay en mi adolescencia, mi amiga Mariana, una hermana de la vida, insistió en que el mate me haría bien, incluso para la constipación. Tras varios intentos azucarados y muchas muecas, me acostumbré. Pasó del rechazo al gusto, y del gusto a ser casi un vicio.

En Villa Domínguez, el mate era un ritual de cada tarde. La gente salía con la pava y el mate a la vereda, a contemplar la calma de las calles de tierra. Hombres y mujeres cebaban mientras saludaban. Una rutina simple, casi ceremonial, que marcaba el ritmo del pueblo tras la siesta.

Mi tía abuela acompañaba la infusión con sus dulces y bizcochos caseros. Yo jugaba cerca de ellos y tímidamente pedía probar el mate, pero su amargura me alejaba.

Para mi papá, el mate siempre representó calma y compañía en su lectura matutina, su agenda, sus llamadas, y también en las tardes de dominó con amigos. Mi abuela, que había sido criada en el campo, trajo la tradición a Buenos Aires. Después de la muerte de mi abuelo, ella vino a vivir con nosotros y desayunaba mate con leche con mi papá, compartiendo charlas tempranas entre cebadas. Cuando al fin le tomé el gusto, me uní a sus mañanas, tres generaciones unidas por ésta costumbre cálida y sabrosa.

El mate se instaló en mi vida: con mi hija, con amigas, con mi papá, mientras estudio, escribo o trabajo. Desayunar con mate a mi ritmo, lentamente, es parte esencial de mi día. Leo las noticias, escribo mis primeras palabras, cebo. El mate ordena mi mañana, y me acompaña en mis tardes.

Es lo primero que guardo en mi valija de viaje, impensable salir sin él. Lo llevo como equipaje principal. Prefiero tenerlo conmigo también cuando despierto en otros lugares.

En un viaje a Australia, casi me confiscan la yerba creyendo que era droga. Entre lágrimas, explicaciones y perros olfateando, logré convencerlos de que era una infusión típica argentina. Sin mate, mi estadía hubiera sido otra: no sólo por continuar en mis rutinas, sino por cómo responde mi cuerpo. Mi organismo lo necesita.

Mi cuerpo se acostumbró: el acto de servir y sorber acelera mi metabolismo y mi digestión. Si debo evitarlo por dieta, siento abstinencia.

Disfruto el mate amargo o con miel, jengibre, naranja, cúrcuma, cacao, hasta con café; me gusta probar diferentes sabores. En verano, sumo el tereré frío y saborizado.

Cuando viajo por el mundo, mi kit matutino llama la atención, la tradición se expande cuando lo prueban. Ya es un producto de exportación en muchos destinos.

Cada mañana, cuando enciendo la pava y pongo la yerba en el mate, aparecen también mi abuela con su mantelito y su dulce casero, mi papá con su agenda y su mate en la mano, y los mates entrerrianos. Sensaciones bellas que me acompañan cada día. El mate no es solamente una bebida: es recuerdo, es herencia, es presencia.

Un legado que vive sorbo a sorbo.

Preguntas para reflexionar

- ¿Qué hábitos de tu infancia llevás con vos hoy y que recuerdos se activan?
- ¿Que objetos, sabores o rituales, te gustaría preservar y que se continúen?
- ¿Qué sensación te provoca compartir una bebida o un ritual con otros?

4. UN GRITO DE AMOR Y RABIA

El dolor es el rompimiento de la cáscara que encierra tu entendimiento.

KHALIL GIBRAN

Este no es simplemente el relato de una pérdida. Es también la historia de miles de silenciados por una pandemia que nos despojó de la cercanía, del consuelo, del simple acto de tocar.

Es la historia que vivimos, contada a través de una lente un tanto distorsionada por el aislamiento, un momento en el que la fragilidad humana se expuso en su forma más cruda e inimaginable.

Es mi viaje íntimo de dolor e impotencia, pero con el rescate final de una mirada comprensiva hacia las diferencias entre quien me dio la vida y yo.

Despidiendo a mamá en un mundo paralizado por la pandemia

En los últimos tiempos indagué en la vida de mi madre y la pude conocer más, la acepté más, con nuestras diferencias.

Huérfana de padre desde los 15 años, fue madre joven, a los 21. Me crió entre la alegría de la maternidad temprana y la sombra del cáncer que se llevó a su propia madre cuando yo apenas aprendía a caminar.

Mis primeros años transcurrieron entre risas en la plaza con su mamá y el silencio denso del duelo que iba transitando.

Uno de mis hermanos nació tres años después que yo, y el otro diez años más tarde. La adolescencia me encontró compartiendo su atención con un nuevo bebé, mi hermano menor.

Mamá era maestra de idioma hebreo en una escuela judía.

Cuando yo tenía 20 años, ocurrió el terrible vuelco que la dejó malherida y le demandó una lenta y dolorosa reconstrucción física y mental. Después del accidente, resurgió de otro modo y con mucho esfuerzo.

Viajera, centro de cenas familiares rebosantes de recetas llenas de amor, abuela devota que acompañó desde los primeros pasos a todos sus nietos, y hasta su final. Los amó con locura.

Junto a papá, nos permitieron algunas escapadas quedando a cargo de sus nietos. Confiamos plenamente en ellos el cuidado de nuestros hijos.

La vida la golpeó temprano y fuerte: padres, hermanos y un sobrino le fueron arrebatados prematuramente.

En medio de los silencios de su familia, su fuerza creativa encontró cauce. Sus manos tejieron mucho más que lana. Cocinaron comidas exquisitas con deliciosas recetas típicas como el guefilte fish, el leicaj de miel, kneidalaj, entre tantas otras, que nos dejaron un sabor irrepetible, y que Eli, su mano derecha en la elaboración de esos sabores, aún hoy nos ayuda a preservar.

En el arte francés ella combinó paciencia, amor, delicadeza y precisión: eligió cuidadosamente láminas iguales que le gustaron, recortó sus figuras con punzón y las superpuso cuidadosamente pegándolas con silicona, invisible para el que lo mire, creando cuadros en relieve, llenos de detalle. Cada uno le implicó varios meses de dedicación e inspiración. Incluso hay obras suyas que cruzaron océanos hasta Australia e Israel, donde los llevó con cuidado y los dejó en las casas de nuestros familiares. Un legado artístico invalorable. Hasta con los dolores que le provocaba la artrosis en sus manos, se esforzaba por seguir con sus tremendas obras de collage en varias capas. Nos dedicó a cada uno cuadros con imágenes que nos representaban; entre todos ellos, a mi papá le hizo uno con caballos al galope.

Hoy regresa un recuerdo: dicen que mi nacimiento estaba previsto para el mismo día del aniversario de la muerte de su padre, mi abuelo. Ella resistió, aferrada a su dolor de contracciones y quietita en la cama, hasta el día siguiente, regalándome una fecha propia en el calendario.

Hoy comprendo y abrazo su historia de amor y sufrimiento, y sus diferencias conmigo.

La llegada tardía de mi hermano menor tal vez la hizo ausentarse en momentos en que la necesité. La enfermedad de su propia madre cuando yo nací hizo de su ser madre primeriza un tiempo de alegría y dolor a la vez, que hoy comprendo desde una nueva perspectiva.

Ella siempre me preguntaba para qué tanto deporte en mi vida y yo insistía en que, al menos, saliera a caminar más. Yo un tanto más coqueta, ella más simple. Estilos diferentes. No elegimos lo que nos nace ser.

A través del trabajo que hice con las constelaciones familiares, desaté nudos y comprendí faltas, sané, agradecí lo que fue, lo que dio, lo que pudo hacer.

Su muerte solitaria, un grito ahogado en el aislamiento por la pandemia

¿Cómo asimilar la fragilidad humana, la impotencia ante tragedias que ignoran estratos sociales y credos? ¿Cómo enfrentar la pérdida en la era del aislamiento?

Meticulosa en su cuidado contra el enemigo invisible del Covid-19, mi mamá se escondía tras varias máscaras, alcohol en gel, cuidados higiénicos obsesivos y distancia. Lavaba verduras con vinagre, se resistía a salir y buscaba el sol en su balcón como fuente de vitamina D, tan indicada para esa etapa. Cuando las restricciones se aflojaron mínimamente, la necesidad de vernos venció al miedo.

Un sábado navideño en Recoleta compartimos una comida en un bar con mesitas al aire libre, luego hicimos una caminata por Puerto Madero y esa fue nuestra última salida, pero no lo sabíamos.

Recuerdo también los días previos, en una esquinita en los parques de Palermo, nuestro refugio familiar improvisado al aire libre. Sillitas distanciadas, infusiones individuales, la paranoia de compartir hasta una servilleta. Mi papá, convaleciente de una cirugía reciente de columna, bañado y cuidado por ella, nos miraba jugar a patear la pelota, siempre con barbijos, como recordatorio constante del peligro, pese al aire libre. Mi mamá, torpe pero feliz, se movía en una escena familiar insólita, nacida y adaptada en la peste que vivíamos.

Tras esa salida de paseo navideño, la tos la desveló en plena noche. Su hernia hiatal fue la excusa inicial, pero la oxigenación baja encendió alarmas. Un hisopado la dejó internada, aislada en la guardia del sanatorio. Papá volvió a su casa y recibimos un mensaje en el chat familiar: "tengo frío, estoy incómoda en esta sala de guardia, quiero volver a casa...".

Risa nerviosa, aliento, desconcierto, terror.

Hospitales colapsados, la humanidad desbordada.

El Covid-19 relegaba otras urgencias, posponía cirugías vitales, se había vuelto prioridad absoluta mientras contagiaba a miles.

Médicos exhaustos, héroes anónimos aplaudidos por el mundo entero. El contagio, como una lotería terrorífica: algunos sí, otros no, leves o graves.

Al mediodía siguiente, el test dio positivo. Asistencia con oxígeno. Aislamiento. Sus pulmones se deterioraban día a día, la tos era implacable y la respiración, cada vez más difícil. Bigoteras nasales, un intento desesperado por insuflar aire.

Sus mensajes por WhatsApp eran monosilábicos, con emojis y algún "estoy bien, gracias". El miedo nos invadió, la posibilidad de la muerte se hizo presente.

La noche de año nuevo, tan cercana y soñada por ella para celebrar en su balcón abierto, con un salmón que ya había comprado, terminó en una videollamada familiar brindando a través de la pantalla, como muchos otros, ella con su bigotera, despeinada, con un vaso de agua descartable en mano, sin poder hablar, con una sonrisa forzada y temerosa, y nosotros aún con esperanza. Un brindis por el fin del año maldito... era difícil brindar, más que por la salud y el salir de esa pesadilla mundial que nos tocaba tan cerca.

Esa videollamada es la última foto familiar que conservo.

Cortar y decirnos adiós fue difícil.

Luego de la comunicación, llegó un mensaje de texto a nuestro grupo: "¡Los amo a cada uno!". Fue su último mensaje por Whatsapp.

El nuevo año fue el inicio de una pesadilla.

Ella sola, mirando el techo, incomunicada. Su neumonía avanzaba, su mente se nublaba, su voluntad se quebraba. Nuestra impotencia por no poder comunicarnos crecía; un nudo en la garganta. Contábamos los minutos para recibir la llamada de los médicos cada mediodía y recibir los informes con esperanzas de mejoría.

El 2 de enero, la noticia llegó desde la voz de una enfermera furiosa. La encontraban fuera de la cama y sin máscara cada vez que ingresaban a verla. La orden había sido reposo absoluto, pero mamá ya no estaba en su centro, tal vez ya se quería ir, no aguantaba la máscara, no la sedaban aunque rogáramos. Ignoraron un pedido que, tal vez, hubiera evitado todo lo que siguió. La llamábamos y ella atendía, escuchaba, no podía hablar, se lo habían prohibido. Le imploramos fuerza, resistencia.

Su tos, una constante en el auricular, y un sí débil, apenas un monosílabo. Las súplicas telefónicas de mi papá, de mi tía, de mis hermanos y las mías encontraban como respuesta el mismo silencio. Luego le sacaron el celular y ya no le permitieron atender.

A la mañana siguiente, amaneció sin la máscara... Nuestras dudas: ¿se la habrá sacado a propósito?, ¿se le cayó?, ¿se podría haber evitado, si la sedaban como pedimos?... La oxigenación estaba al límite. Terapia intensiva, un paro cardíaco, reanimación, pulmones perforados en el intento de intubación, una búsqueda de solución rápida tras ese fallo, una traqueotomía, fallida también, en un lugar incorrecto.

Coma inducido y su cuerpo invadido por cables. Ya no estaba allí. Pulmones rotos, tráquea rota, impensable que pudieran soportar una reparación.

El informe médico del mediodía fue un mazazo. Ya en coma, intubada, con órganos vitales sin poder de solución, sobrevino la pregunta cruel... ¿Quieren seguir luchando contra lo imposible? Nuestra respuesta fue un sí desesperado, aferrándonos a la última gota de esperanza, a la última gota de antibiótico posible. Teníamos médicos amigos apoyándonos y conteniéndonos ante cada informe, pero ninguno de ellos podía ingresar al lugar.

Me permitieron verla un par de veces. Entré a la habitación con un traje como de astronauta, toda cubierta por un uniforme descartable de pies a cabeza, guantes y máscara facial, acorde a los protocolos. Me cuesta describir lo que sentí al verla en ese estado. Su vida pendía de un monitor y de infinitos cables. Fue difícil enfrentarla, hablarle, verla... me destrozó.

La última imagen vívida, había sido el almuerzo navideño. Luego, la videollamada con una tenue esperanza.

Lágrimas, caricias impotentes, el nudo en la garganta. No sabía qué decirle... ni si me escuchaba... Salí temblando, el shock me dejó helada, me senté en el piso del pasillo, a la salida de la habitación, cubierta de punta a punta, sin poder mantenerme en pie. La expectativa de los míos ante la visita, esperando mi llamada... Cómo contarles...

Sentía la necesidad de compartir ese horror. Logré una videollamada improvisada a mi hermano que vive en Australia y con la cámara del celular que pude ingresar por unos minutos, previa limpieza con alcohol, le mostré la crudeza de la escena. Puse el teléfono cerca de su oído y la voz de mi hermano intentó transmitirle algo... amor, aliento... le hablaba sin saber si le llegaría al menos un susurro.

Queda una foto robada de ese momento horrible como testimonio de mi dolor.

Mi padre, aislado, asintomático, se aferraba a la vida en su domicilio.

Las visitas que siguieron a mamá con mis caricias a través de guantes protectores, me hacían sentirla y verla distinta. Su piel cambiaba de color con el correr de los días. Estaba inmóvil, y por ende, cada vez más blanca y más fría.

En una de esas visitas, unas lágrimas cayeron de sus ojos cerrados cuando le hablé... ¿me habrá escuchado?... Temblé. Lo mismo sucedió con la visita de la chica que trabajaba en casa, Ester, tan cercana a mi mamá, que insistió en ir a verla; ella también vio una lágrima... ¿Nos escuchaba? ¿Sentía algo pese a su estado de coma?... Nos quedó ese instante, esa lágrima atravesada en la duda...

Sabíamos la verdad: no habría retorno.

El 20 de enero acompañé a mi padre a despedirse de ella tal como nos pidieron en el sanatorio. También vestido como astronauta entró a verla. Sesenta años de vida compartida condensados en un último e inesperado adiós.

Un momento extremadamente difícil, un ataque de pánico, una pastilla calmante sugerida para esos difíciles días, el miedo por su reacción. Los dejé a solas en la habitación, con la puerta entreabierta. Luego entré yo, sin palabras.

Mi hermano no pudo venir de Australia por falta de vuelos y riesgos producto de la pandemia. Mi hermano menor se encontró ante dificultades y riesgos familiares, no podía exponerse a entrar al sanatorio para verla.

Al día siguiente, el 21 enero de 2021, el informe fue lapidario: había fallecido.

¿Cuánto sufrió en esos días de soledad? ¿Fue consciente de su final? ¿Se habrá arrancado la máscara en un acto de desesperación o de rendición? ¿Por qué no la sedaron ese último día? ¿Se podría haber evitado? Si no hubieran tenido tanto apuro, ¿hubieran roto sus pulmones al intubarla o su tráquea luego? La crueldad del aislamiento, la mirada fija en el techo, la ausencia de consuelo… los médicos hacían lo mejor que podían, colapsados y sorprendidos por una inesperada pandemia que no podían controlar, siguiendo protocolos entre cientos, miles de pacientes que llegaban por día.

Devastación. Todo fue repentino, inesperado, prematuro.

Dicen que se fue cuando debía irse. Que así es el destino. Un mundo paralizado, la ciencia luchando contra un enemigo invisible. Intereses políticos, vacunas en fase de prueba.

Llegué con mi hijo al sanatorio a realizar los trámites de defunción, retirar sus pertenencias y a reconocerla en la morgue… Fue un momento que jamás hubiera querido vivir: una bolsa negra guardada en un cajón, entre varios otros, en una piecita del subsuelo del sanatorio. Bajaron el cierre y me preguntaron si era ella. Estaba ya sin cables, relajada, le acomodé sus rulos. Dos hombres esperaban mi señal respetando esos minutos. Cuando terminé de despedirme, hablándole, agradeciéndole, en el más profundo silencio, la cubrieron nuevamente y se la llevaron en la ambulancia hacia la sala velatoria. Me quedé con su imagen ya en paz. Regresé a la planta baja por la escalera, apenas sosteniéndome. Me esperaba mi hijo con un abrazo fuerte sin poder contener el llanto.

Retiré sus pertenencias, envueltas en nylon y desinfectante. Tardé semanas en abrir esa bolsa cargada de ausencia, con las prendas que eligió para sus últimos días.

El velorio fue en la calle Loyola, vereda y calle, a cielo abierto. Abrazos prohibidos, gente que quería brindarlos y nosotros que tanto lo necesitábamos, pero no nos podíamos acercar... Lágrimas tras los barbijos. Una multitud despidiéndose, una de las primeras víctimas conocidas de nuestro entorno.

La sacaron en el coche fúnebre, su nombre grabado a los costados. Mi padre golpeó el vehículo con su bastón, con un grito de rabia impotente.

Para el entierro, y por protocolo, estaba permitida la presencia de los íntimos, con la distancia maldita. Piedras arrojadas sobre el ataúd, un acto religioso cargado de dolor. Flores, objetos queridos de ella, una pulserita, su peine de rulos. La tierra cubriendo su cuerpo. Las palabras del rabino, nuestro llanto. Cada uno compartiendo en voz alta un recuerdo, un adiós y un deseo colectivo de esperanza para un mundo cada vez más vulnerable.

Nunca se sabe cuándo, cómo, dónde. Tal vez mañana nos toque irnos.

Aún conservo sus últimos chats, las fotos de los días previos, su alegría pateando la pelota con sus nietos e hijos, su paseo bajo el sol de Puerto Madero.

La pérdida nos recordó la importancia de cada encuentro y el valor de un abrazo.

Nunca sabremos la historia desde el lugar de mamá, cómo fueron esos días oscuros, presintiendo que el final era una posibilidad cercana. Su respiración ya tan compleja y asistida, luego de escuchar la cantidad de seres que ese virus se llevaba.

Le tocó, nos tocó. Como tocan esas injusticias y guerras que escapan a nuestro control.

Se fue al cielo. La despedí sin pendientes.

Me quedó el eco de su voz. Todo su amor. La lágrima que le cayó por las mejillas, la videollamada que nos separó y nos unió, el brindis imposible, los abrazos postergados.

Seguirá viva en nosotros.

Preguntas para reflexionar

- ¿Qué reflexiones te surgen sobre la importancia de valorar los momentos presentes?
- ¿Hay alguna relación en tu vida que te gustaría comprender mejor o sanar de alguna manera?
- ¿Qué estás postergando sabiendo que la vida es impredecible y finita… y qué te impide hacerlo hoy?
- ¿Cómo se transforma el dolor cuando lo nombrás, lo escribís y lo compartís?
- ¿Qué dejó en vos el aislamiento forzado por la pandemia?
- ¿Qué patrones viste en tu árbol familiar y decidiste transformar?

5. LA BANDA FAMILIAR

La familia es el lugar donde los seres aprenden a convivir con las diferencias, a sobrevivir al pasado y a imaginar juntos el futuro.

ISABEL ALLENDE

> *La familia es este grupo de seres con quienes compartimos historia, sangre, risas, silencios y también desafíos. Un vínculo inquebrantable, que nos tocó sin que lo hayamos elegido, y que nos une más allá del paso del tiempo, las diferencias y la distancia.*

Cada encuentro familiar nos enseña el arte de convivir con la singularidad de los otros, todos distintos, todos únicos. Cada reunión está llena de historias, novedades, amor, diversidad, sincronías, experiencias personales, dudas, sugerencias, juegos, ausencias y, por qué no decirlo, alguna que otra discrepancia.

No elegimos la familia a la que venimos, pero aquí estamos, construyendo recuerdos y dejando nuestra mejor huella, aprendiendo el arte de convivir con amor. Las relaciones no son fáciles: edades, sexos, divorcios, madres, hijos, cuñados, hermanos, cada cual con su forma y su creencia.

El vínculo persiste así y va más allá del tiempo, la distancia y hasta de nuestra propia voluntad. Somos vínculo, sangre, árbol.

Hay risas, consejos sabios que guían, desafíos que nos hacen crecer y debates que enriquecen. Los mayores nos ofrecen su experiencia de vida, los jóvenes nos inyectan frescura y nos confrontan con una vida inmersa en tecnología que a veces nos cuesta entender, todo tan distinto a nuestra época. Convivir con la impaciencia de las nuevas generaciones cuando intentamos descifrar una nueva app o entender la inteligencia artificial es un gran desafío.

La familia no siempre está a la vuelta de la esquina. Algunos sopesaron costos y beneficios de la distancia —una elección que nunca es fácil— y viven fuera del país.

Los kilómetros se acortan gracias a las pantallas. Las videollamadas nos acercan, los mensajes viajan instantáneamente y tenemos un grupo de WhatsApp familiar que es un mix de fotos, relatos de viajes, celebraciones de cumpleaños, preocupaciones compartidas, aliento oportuno y hasta crisis existenciales.

No es el calor de un abrazo o de la cercanía presencial, pero es el puente que construimos para estar cerca. Mi hermano, que vive en Australia con su familia; mi tía, mi prima y su familia en Israel, nos mantenemos unidos y comunicados a través del chat.

La vida nos dispersa, nos separa por las propias vidas internas y por nuestras diversidades y formas de ser que inevitablemente impactan en las relaciones. Pero resistimos sabiendo que todo forma parte de la vida, que somos humanos inestables emocionalmente, diferentes, y que nos queremos. Intentamos mantener los encuentros semanales domingueros o programamos escapadas familiares para sumar experiencias compartidas.

Cuando logramos reunir a toda la banda, la magia florece.

Venimos de la valentía de inmigrantes que lo dejaron todo atrás, huyendo de la guerra, buscando un futuro mejor para los suyos. Incluso muchos de ellos en su dispersión por el mundo, no se han vuelto a ver ni saber nada del otro. Mis padres y mis abuelos, con la humildad de quienes construyen desde cero, nos legaron valores sólidos y una resiliencia que corre por nuestra sangre. Y acá estamos sus descendientes.

Con la paciencia de arqueólogos, mi primo Ariel y mi papá están reconstruyendo nuestro árbol genealógico hasta el siglo XVIII, buscando comprender la energía de quienes nos precedieron, honrando cada vida de lucha que antecedió a la nuestra.

La familia es ese río que sigue fluyendo, donde aguas nuevas se mezclan con otras más antiguas y ancestrales. Recordamos y narramos —especialmente mi papá, gran guardián de la memoria familiar—, para mantener vivos a los que ya no están, para que su historia no se diluya.

No elegimos la familia en la que nacemos, pero sí elegimos qué hacemos con ella.

Y cuando logramos dejar a un lado rencores y prejuicios, descubrimos que sin ese núcleo de contención y esos lazos, la vida sería un camino mucho más solitario y, sin duda, más vacío.

La fondue de queso de mi papá

Hay sabores que no solamente se paladean, se habitan con presencia en varios sentidos. La fondue de queso que hace mi papá –y ha hecho siempre– es uno de ellos. No es un plato, es una ceremonia, desde que tengo memoria, nos reúne alrededor de la mesa con esa mezcla perfecta de risas e historias entre quesos fundidos.

Aprendió la receta cuando yo nací, en un curso de chef que hizo en esos años en los que la vida se le abría en muchas direcciones. Desde entonces, la fondue se volvió un clásico de nuestros encuentros. Nos encanta cómo le sale, cómo la prepara con ese cuidado artesanal. Su modo tan propio, transforma el momento en fiesta.

Con el pan tostado en cubitos, las verduras listas, los pinches preparados y esa mezcla de quesos, nuez moscada, un toque de whisky y ajo, los sentidos se despiertan. Se abren las charlas, las risas y también los silencios.

Ese sabor tiene una carga emocional que no podría explicarse solo con palabras.

Brindis que celebran lo que somos

El fin del año 2024 y el comienzo del 2025 fueron un regalo. Celebramos los 80 años de mi papá en Uruguay, rodeados de hijos, nietos, parejas, primos… toda la familia reunida. Fue un homenaje a la vida, al amor que se mantiene firme a pesar del tiempo y los cambios. Aunque la ausencia de mi mamá se siente, mi papá, con su nueva compañera, nos mostró que la vida sigue y se transforma.

Coordinar entre tantos fue un desafío, como varias otras escapadas y viajes juntos en nuestra historia familiar. Había una energía cómplice y pudimos jugar al truco, al vóley, a la paleta, a las bazas, descansamos juntos con largas charlas, disfrutamos de la playa, la pileta, el sauna y un asado inolvidable con música y baile para cerrar el año. Mi mamá nos acompañó desde el cielo, en esa hermosa y estrellada noche.

La emoción de mi papá era visible, y el brindis por la familia, lo vivido, y la paz en el mundo, nos unió a todos.

Los hijos y nietos tejieron sus propios lazos, y fue hermoso verlos compartir sueños y proyectos. Sentados en ronda, hablamos del año que terminó y lo que esperamos del que viene.

Sabemos que no somos una familia perfecta, pero cuando alguien cuida, escucha y convoca, el lazo se fortalece y nos sostiene.

Porque al final, lo que nos une no son solamente los genes, sino la intención de volvernos a encontrar. Un vínculo eterno, finito en su tiempo de presencia.

La familia, como el fuego de la fondue en una mesa compartida, se mantiene cuando se cuida la llama.

Preguntas para reflexionar

- En el caso de que hoy no cuentes con ella, ¿cómo impacta en tu vida no tener una red familiar cercana o presente? ¿Quiénes son tu familia aunque no compartas lazos de sangre?
- ¿Qué platos heredaste que hoy siguen siendo parte de tu mesa y tu vida?
- ¿Qué momentos compartidos (reuniones, viajes, comidas, chats) se volvieron esenciales para mantener vivo el vínculo?
- ¿Qué significa para vos "sentirse parte de una banda familiar"? ¿Qué aporta y qué desafíos te presenta?
- ¿Qué lugar ocupás hoy dentro de tu familia y cómo vivís ese rol?
- ¿Qué figura familiar te marcó más, y qué aprendiste de ella?
- ¿Quién guarda la memoria en tu familia? ¿Y quién la continuará?

MUDANZAS Y TRANSFORMACIONES

6. MUDANZA: LO QUE QUEDA CUANDO NOS VAMOS

Nada se pierde si lo llevás en el corazón.
ISABEL ALLENDE

No se va uno de los lugares. Se va de las versiones que ya no lo habitan.
ALEJANDRA PIZARNIK

Mudarse no es sólo cambiar de domicilio. Es una revolución interna. Una ceremonia silenciosa de despedidas y nuevos comienzos.

Cada caja embalada contiene más que objetos: guarda recuerdos, versiones pasadas, etapas completas de quienes fuimos y ya no somos.

Cada mudanza nos enseña que la vida sigue y que los lugares se guardan para siempre en nuestro interior.

Esta es mi historia. Cinco mudanzas físicas en poco tiempo. La de un hogar que cumplió su ciclo, una madre que se mudó al cielo, hijos que se trasladaron, un padre que cambió de casa, trabajos que decidí concluir a la par. Un vuelo imparable de la vida, ocurrido en poco tiempo, donde todo mutó.

Recibo un mensaje de Whatsapp de quien estaba a cargo de la venta inmobiliaria de mi departamento, preguntándome si podía llamarme. Respondí que sí, con una punzada de presentimiento mezclada con una ligera esperanza de ese cambio anhelado.

–Hay una pareja con interés real en tu departamento –anunció la voz con un tono profesional pero amigable–. Dejaron una reserva, así que tenés unos días para decidir si la aceptás.

Mi corazón latía con una fuerza diferente y no podía detenerlo. Mudarme. Llegó el momento.

Treinta años en esa casa de tres dormitorios con dependencia, el hogar que compartí con mi exmarido al casarnos, lleno de sueños para construir un futuro juntos, una familia.

Nuestra separación llegó apenas dos años después del nacimiento de nuestro segundo hijo, cuando nuestra hija tenía cinco. Ahí los crié. Esa casa fue testigo de la demandante y hermosa tarea de ser madre, dentro y fuera de sus paredes. Viví intensamente, desde la cuna hasta el vacío cuando cada uno formó su propio hogar.

Recuerdo las tardes en la plaza Roosevelt, a una cuadra de casa. Los paseos con el cochecito, las compras con sus manitos pequeñas aferradas a las mías, los brazos que se alzaban pidiendo un arrumaco, un beso, un hamacón, un "esperame cuando caiga del tobogán". Llevarlos y traerlos del cole con sus uniformes y sus inocencias. ¡Cómo pasa la vida!

En esa casa aprendí a ser mamá.

La primera mudanza fue la de mi hija, en 2018. Cuando me dio la noticia, las lágrimas cayeron sin control, sin que ella me viera. ¿Por qué quería alejarse? ¿Había hecho algo mal? ¿O simplemente necesitaba su propio espacio?

Había conseguido su primer trabajo formal en una multinacional, un sueldo que le permitía alquilar algo pequeño pero lindo. Decidió dar el paso antes de que yo estuviera lista.

Después de su anuncio, viajé a Australia para el Bar Mitzva de mi sobrino. Ella eligió el día de mi regreso para mudarse. Yo no podía soportar la idea de llegar a casa y encontrar su habitación vacía. En el avión, tomé un clonazepam en un intento de dormir y calmar mi llanto ante la imagen persistente del vacío que encontraría en su habitación al regresar a mi casa, mezcla de emoción, miedo y orgullo. Me acordé de mi juventud, de mis propias ganas de tener mi espacio.

Las lágrimas no paraban. El chico que estaba sentado a mi lado en el avión me miraba con curiosidad, y yo lloraba más todavía.

Le pedí a mi hija que durmiera en casa la primera noche después de mi regreso, y que se fuera al día siguiente, para que el cambio no fuera tan brusco. Accedió.

Sus amigas la ayudaron con la mudanza, la limpieza, el orden. Para ellas era una celebración; fue la primera en independizarse. La acompañé en todo lo que pude.

Necesité unas sesiones de terapia para asentar mi orgullo y procesar mi vacío. Su habitación se convirtió en mi escritorio, pero conservé sus rastros: portarretratos, medallas, libros de Psicología.

Fue un primer despegue. Por suerte, se mudó cerca. Improvisamos caminatas, salidas a correr, a mirar vidrieras, cafés. Nuestros encuentros y charlas se hicieron más profundos, nuestra complicidad creció.

Luego llegó la pandemia de 2020 y volvió un tiempo a vivir el período de aislamiento con nosotros; la llevamos muy bien los tres juntos en casa, con espacios respetados, gimnasias y películas compartidas.

Al terminar la cuarentena, tomó la decisión de irse a vivir a Israel. Tan lejos. Guerras, tecnología, tradición, hermoso, difícil. Partió hacia una distancia inmensa. Mi llanto quintuplicó aquel de su primera mudanza.

Pocos meses antes, mi mamá había fallecido por Covid-19. Demasiadas despedidas y mudanzas juntas. Mi corazón se sentía débil. Mis dos mujeres cercanas cambiaban de domicilio...

Alenté su elección con una sonrisa, pero sufriendo por la falta de cercanía y espontaneidad con la que íbamos a tener que convivir.

En esas despedidas registré mi capacidad de sentir tristeza y alegría simultáneamente, de sonreír y quebrarme a la vez. La vida, pensé, es eso: linda y dolorosa, impredecible, nada fácil... Cosas felices y tristes ocurren en simultáneo. En este caso era una alegría, depende de cómo se lo mirara...

Me llamaba casi todas las tardes para compartir sus caminatas al atardecer por la playa de Tel Aviv, en su regreso del trabajo.

Tan pronto como pude, la fui a ver. Fue raro, cada minuto era valioso. Aprovechamos para pasear y visitar a la familia querida que vive allí. Luego nos escapamos juntas a Grecia. Inolvidable.

El día de mi regreso, no podía soltar su abrazo de despedida. Otra vez la ambigüedad. Sentía esa mezcla agridulce de alegría y tristeza.

Finalmente, después de casi tres años de experiencia, regresó a vivir a Buenos Aires con su novio. Estar cerca es más lindo, coincidimos.

"Aprender a volar" de Patricia Sosa, la canción que le dediqué en su Bat Mitzvá, se convirtió en nuestro himno.

Mi hijo se quedó conmigo un tiempo más. Durante la pandemia, armó una agencia de *marketing digital* junto a un socio y sus ingresos le permitieron independizarse. Lo hablamos, lo procesamos, me pidió que lo acompañara a ver departamentos cerca de casa. Encontramos uno accesible, lindo, luminoso, ideal para él.

Acepté el momento con nostalgia, orgullo, gratitud, vacío. Nuevamente esa mezcla de sensaciones internas ante tan fuertes pasos.

Podrá contar con mamá si lo necesita.

Lo primero que extrañé fue el sonido de la televisión hasta tarde, sus medias sucias, las bandejas con vajilla sin lavar. Justo lo que me molestaba comenzó a faltarme. Luego me acostumbré al silencio y al orden. Solo era yo.

Mis hijos sabrán arreglárselas, como todos nos fuimos arreglando en el mismo transitar humano. Ahora prima la búsqueda de encuentros de calidad entre nosotros.

Me irán enseñando a ser mamá con una nueva distancia.

El cambio se imponía.

Soltar ese lugar de gateos, juguetes, primeras palabras, cunitas, disfraces, cuadernos, pelotas, botines, paredes de ositos que mutaron a blanco de habitaciones adolescentes. Esos cuartos llenos de vida se tornaron cuartos vacíos.

Renovar energías… dejar atrás muebles de otra época… El cuerpo y la vida me lo pedían. Menos metros, menos esfuerzo, algo mío para recomenzar.

–¡Acepto la reserva! –le respondí a la vendedora inmobiliaria.

Acordamos treinta días. Tenía que vaciar el departamento y encontrar uno nuevo.

Decidí no llevar nada del mobiliario, sólo los cuadros de arte francés que había hecho mi mamá.

Busqué departamentos online hasta la madrugada. Vi diez. El décimo me gustó, fue un hallazgo de una gran amiga. Empezaba a vivir conmigo misma. Menos comida en la heladera, menos ropa para lavar.

Meses antes, mi papá también se había mudado. Dejó la casa que compartió con mi mamá durante cuarenta años. Teníamos experiencia reciente en soltar. Aprendiendo a vivir sin apegos.

Mi mudanza fue un rally. Llenar la nueva casa, vaciar la vieja, todo a la par. Revisar cada rincón. En treinta días había que vaciar treinta años de cosas. Doné, regalé, tiré, vendí. Un proceso estresante pero necesario.

Un conocido se encargó de vender mis muebles. Le envié fotos y acordamos precios accesibles. Mientras él vendía los viejos, yo buscaba los nuevos. No dudé mucho, encargué todo en mueblerías cercanas donde encontré modelos modernos y cálidos que me gustaron.

El muchacho vendió todo con astucia. El desarmado de cada mueble me resultó agresivo: destornilladores, martillazos, fleteros, gritos.

En las paredes vacías quedaron marcas de los años sin luz. Se fueron mi cama, la mesa del living, el gran sillón, las sillas, las lámparas. Todo se fue. A algunas fue difícil sacarlas, como si estuvieran aferradas a la casa. No entraban en la escalera, no entraban en el ascensor.

Con el dinero de la venta compré todos los muebles nuevos.

Días sucios, emocionalmente fuertes. Me despedí de cada objeto con gratitud.

La última semana, dormí en un colchón en el piso y me movía con la linterna del celular. Me quedé durante días sin heladera. Mi voz hacía eco en los espacios vacíos. Era raro, real, un duelo en pedacitos diarios.

Los libros… tantos. Los separamos con mi hija. Encontré algunos olvidados, colecciones enteras, otros obsoletos. Me quedé con algunos, le di otros a mi hija y doné los restantes. Entre ellos encontré dos álbumes de estampillas de mi infancia, que me recordaron cuando iba al parque Rivadavia con mi papá a comprar y canjear. Elegí conservarlos.

También encontré una caja con cartas de mis hijos, de exnovios, de mis padres, de mi abuela, de mi hermano aquella vez que nos peleamos. Postales de viajes. Cartas de épocas sin Internet. Guardé las más significativas.

Las fotos fueron el capítulo más intenso... gran capítulo que describo luego, porque tenía infinitos álbumes, que no cabrían en mi nuevo hogar, tampoco tenía tiempo de digitalizarlos todos y, además, en años nadie los había mirado... Así es, uno saca fotos, luego poco se miran.

También deseché aparatos electrónicos viejos y regalé adornos que ya ni miraba.

La ropa llenaba los placares. Doné bolsas enteras. Me quedé con lo esencial. Los zapatos taco aguja ya no me son saludables, aunque finos y lindos, no los usaría más, también los regalé. Quedó un tendal de perchas vacías.

Tres décadas en esa casa, donde pasamos del pañal a compartir talle y ropa... La evolución humana es tremenda.

Recuerdo cuando marcaba con rayitas de lápiz negro el crecimiento de mi hijo en la pared detrás de la puerta de su habitación.

Hoy termino de escribir esto en mi nuevo hogar. Fue tan intenso que necesito registrarlo. Un antes y un después para mi vida. Polvo y cansancio. Alegría, cierres y aperturas.

Mis hijos se llevaron sus últimas cosas y cerraron la puerta por última vez. En nuestro chat familiar expresamos lo que sentíamos. No fue mi casa, fue la nuestra, la que los recibió y los vio crecer. Los tres dijimos "adiós" al vacío del departamento, pero quedamos llenos de todo lo que vivimos allí.

Cada adiós me preparó para este nuevo comienzo.

Preguntas para reflexionar

- Si tuvieras que mudarte mañana y llevar solo lo esencial, ¿qué elegirías?
- ¿Qué espacio físico o emocional podrías crear en tu vida si liberás lo que ya no necesitás?
- Si tus hijos ya se independizaron, ¿qué nuevas oportunidades se te presentan ahora en tu vida?
- ¿Podés transformar la sensación de "nido vacío" en una etapa de expansión personal?
- ¿Qué emociones conviven en vos cuando pensás en los cambios: miedo, ilusión, vacío, gratitud?
- Si mirás atrás, ¿ qué mudanza, fue un antes y un después en tu vida?

7. LA BATALLA ÍNTIMA CON LAS FOTOS

Mudarse es una gran oportunidad para soltar lo innecesario. Pero entre lo descartable y lo imprescindible, están ellas: las fotos.

Pilas de papel revelado que me llevaron a una maratón de decisiones: "esta la guardo", "esta no sé qué hacer" y "por Dios, ¡qué horror cómo me vestía y me veía!".

La urgencia de mi mudanza contrastaba con la pausa obligada que me generaba cada fotografía. Un dilema se me planteó: cómo reducir una vida de momentos a unas pocas imágenes para llevarme...

En este texto cuento esa batalla íntima contra el desapego, la dolorosa pero necesaria selección de instantes que definieron nuestra vida, mientras el resto se desvaneció en bolsas de consorcio y anónimamente ingresó al contenedor de basura.

Este es mi encuentro con mis propios recuerdos.

Las fotos fueron, sin duda, el episodio más intenso de la mudanza.

Fue como sacudir por lo alto un álbum gigante de recuerdos que cayeron como una avalancha de emociones. Momentos, gente y gestos que parecían gritar desde el papel "¡acordate de mí!" o "¿te acordás de mí o de este momento?".

Allí estaban mi infancia, los campamentos de adolescente, peinados con flequillo y rulos de permanente que, al verlos, me recordaron los tediosos bigudíes y productos, horas de peluquería y la savia vegetal. En esa época, no sé por qué, odiaba mi pelo lacio.

Encontré las fotos de mi Bat Mitzvá, con un vestido blanco cerrado que hoy no elegiría ni para dormir; las fotos de mi fiesta de 15, con esa ropa que me parecía súper canchera y hoy me parece un pijama.

Mi primer viaje de mochilera por Europa, con mi novio de aquellos tiempos y un grupo de amigos; fotos con exparejas y amistades que se esfumaron como las modas de los ochenta.

Las fotos de mis hijos chiquitos, algunas mías de bebé con mi mamá y mi papá. Otras con mis hermanitos, mis abuelos, escapadas al campo, los clubes de fin de semana, vacaciones varias.

No había forma de que entraran todas en mi nueva casa. A muchas no las había visto en años. Algunas estaban en álbumes con etiquetas de fechas y lugares; otras, sueltas o pegadas en cartulinas con retratos escolares de mis hijos.

¿Por qué será que uno ya no las mira o no las miró durante años? Ni las que sacamos nosotros, ni las que nos sacaron nuestros padres.

Quedan ahí, para algún día, tal vez, volver, o no, a verlas.

Hoy vivimos tan apurados. El ritmo actual privilegia el presente y planea el futuro. ¿Y el pasado? Queda en espera, suspendido en papeles fotográficos que pocos revisan.

Desparramé las imágenes en el suelo de la habitación de mi hijo, ya vacía de muebles.

No importaba el poco tiempo que tenía para entregar el departamento ni el cansancio extremo. Esas fotos merecían ser vistas, una por una.

En dos oportunidades me desperté a las cinco de la mañana, tirada en el piso, rodeada de fotos, como en una escena de película dramática.

Aunque estuviera exhausta, las dejaba para el final del día, en el silencio de la noche. Me atrapaban, quería verlas a todas.

Aparecieron los álbumes de tapa dura de mi casamiento.

Llevo veintidós años divorciada y distanciada del padre de mis hijos. ¿Qué hacer con esos álbumes?

Uno era del casamiento civil, con fotos en el Rosedal; el otro reflejaba la ceremonia en el templo y la fiesta. Ambos eventos estuvieron marcados por un calor récord digno del Sahara, como salió en los titulares de los diarios por esos días.

Ese calor, la transpiración y los cortes de luz fueron el contexto en el que comenzamos el matrimonio.

Recorrí las páginas con una mezcla de nostalgia y desapego.

Una etapa que hoy siento lejana y que duró diez años.

Uno nunca sabe cuánto pueden durar las relaciones.

Ahí estaba yo, con mi vestido blanco con corset bordado en canutillos pastel, pollera de tul ancha y tocado haciendo juego. Recuerdo las tardes con mi mamá yendo al modisto, emocionadas, eligiendo telas, probándonos vestidos.

Ese día del casamiento, se cortó la luz en muchos barrios de la ciudad. El modisto no pudo planchar el vestido. Yo estaba empapada. Maquillaje en el balcón, con la última luz del día. Mi papá, previsor, había ido al barrio de Once a comprar abanicos para los invitados. En el templo, los repartió Ester, la chica que trabajaba en casa, era como de la familia.

El auto que nos debía llevar, el de Eduardo, el mejor amigo de mi papá, era nuevo, color bordó, y estaba amorosamente decorado por dentro y por fuera con rosas blancas, pero no podía salir de la cochera por falta de electricidad. Íbamos a ir en taxi. Justo, unos quince minutos antes de salir... ¡volvió la luz! Nos peinamos y arreglamos lo que alcanzamos a las apuradas, y pudimos sacar el auto del garage.

Casi corriendo subimos al auto, acomodando mi vestido.

Mi papá, radiante, a mi lado. Llegamos con una sonrisa.

Transpirada, pegajosa, perfumada, feliz.

Guardé algunas fotos clave de ese gran evento y, con dolor y una rara sensación, arranqué algunas de los álbumes para quedarme con ellas: la foto de mi papá entrando conmigo al templo (coincidía con su cumpleaños; decía que fue su mejor regalo); la foto del "sí, quiero"; la del trajecito rosa viejo del civil, con sombrero y pañuelo al tono (amo los sombreros y ese día pude lucirme con uno), y algunas otras con testigos, familia e íntimos amigos que aún siguen.

Recuerdo que después de la ceremonia civil fuimos a sacarnos fotos a los lagos de Palermo. El calor sofocante me obligó a hacer una parada técnica en la peluquería antes de llegar al brindis. No iba a permitir que vieran a la novia con el pelo aplastado y el maquillaje derretido.

A pesar de que el futuro nos llevaría a un divorcio inevitable, en esas fotos estábamos radiantes.

Otras me emocionaron: en algunas estaba amamantando a mis hijos, había otras de sus primeros pasos, cumpleaños, triciclos, con disfraces, en la bañera con espuma, en la plaza, en sus primeros días de clases, con sus amiguitos. Me detuve en sus gestos, sus sonrisas.

Pude ver en ellas mi camino como madre, cómo aprendí a serlo. El amor que me brotó junto a ellos. Al mirarlos, me derretía. Aún me derrito.

Todas esas fotos reveladas tenían un porqué, reflejaban momentos especiales, pero no podía llevármelas todas. Tuve que elegir algunas.

Llené cinco bolsas de consorcio y con un suspiro, forzando el desapego y con la conciencia del tiempo transcurrido, las dejé en el tacho con un "Gracias por lo vivido".

Selección forzosa

Guardé tres folios con unas ochenta fotos para cada uno de mis hijos y otras para mí.

Quedan también los DVD, CD, videocassetes para digitalizar voces y movimiento.

¡Menos mal que llegó el celular con su nube mágica!

Si hubiera seguido imprimiendo, y juntando grabaciones en diferentes tecnologías, hubiese necesitado otro departamento.

Me es importante manifestar que le he sacado fotos con el celular a varias de esas imágenes antes de tirarlas, para conservarlas en la nube actual. A su vez, fui compartiéndolas por Whatsapp con la familia y los amigos para volver a recordar juntos aquellos momentos retratados. A todos les trajo una linda sensación rememorarlos.

Fueron días de viaje al baúl de la memoria.

Preguntas para reflexionar

- ¿Cada cuánto mirás fotos? ¿Solés volver a ver las de tu infancia o de otras etapas de tu vida?
- ¿Te interesaste por las fotos de tus ancestros?
- ¿Qué sentís al ver imágenes de tu infancia, adolescencia o juventud?
- ¿Tus hijos miran sus propias fotos de cuando eran niños? ¿Las compartieron alguna vez juntos?
- ¿Tenés cajas, álbumes o archivos digitales con fotos que nunca mirás?

8. MI NUEVO HOGAR, MI NUEVO ESPACIO, MI NUEVO YO

Dios te puso un ser humano a cargo y eres tú mismo. A ti debes hacerte libre y feliz. Después podrás compartir la vida verdadera con los demás.

FACUNDO CABRAL

Este es un relato íntimo de transformación y renacimiento personal. Más allá del cambio de casa, ese movimiento fue un reencuentro conmigo misma: una oportunidad de soltar cargas, redescubrirme y crear un espacio interior más liviano y verdadero.

Te invito a reflexionar sobre la importancia de crear espacios que reflejen nuestro ser más genuino y nos permitan vivir con mayor libertad y plenitud.

Esta mudanza fue mucho más que un cambio de dirección: fue un cambio de estado. Un nuevo modo de habitarme.

Por momentos, reencontrarme con mi yo esencial me resulta tan extraño como gratificante. ¿Qué versión de mí emergerá en este nuevo espacio, despojada de viejas estructuras, sin las responsabilidades y necesidades que quedan atrás?

Es un regreso a mi origen, a mi raíz, donde puedo volver a mí sin la exigencia de mostrar o cumplir expectativas. Se acabó la lucha constante por la manutención.

Ahora se empieza a expresar lo que siempre estuvo dentro de mí, pero que por momentos había olvidado.

Reorganizar los muebles de mi ser: acomodo mis emociones, relajo tensiones, dejo respirar a mis células, aliviándolas. Desecho lo superfluo, aquello que me resta autenticidad, esa versión impuesta por la necesidad de adaptarse en exceso.

Expreso lo que soy en este proceso, sin prisa ni expectativa, avanzo movida por mi elección, mi deseo genuino, las ganas de alinearme con mi verdad, mi sentir, mi ritmo, mi propia sintonía. Desaprendo una modalidad para volver a aprender otra más calma.

Lleno este nuevo espacio vital con rutinas, alimentos, hábitos y actividades que me revitalizan. Suelto actividades laborales que ya no resuenan, abriendo espacio para la creación de nuevas iniciativas.

Voy desempolvando aquellos sueños que permanecían guardados. Me he propuesto hacer lo que me nutre, vivir al ritmo de mi sentir y mis posibilidades, al compás de mi corazón.

Hoy, 7 de septiembre de 2024, el sol inunda mis nuevas ventanas. El atardecer comienza a pintar el cielo, traslado mi computadora y el mate a uno de mis balcones nuevos, donde una pequeña mesa y un par de sillas me invitan a escribir. El cielo se tiñe de naranja, lo puedo ver, es una bendición. Siento el suave piar de los pájaros, un clima perfecto para disfrutar sentarme al aire libre, impregnada de la tranquilidad de mi nuevo barrio.

En cada rincón recién estrenado late una versión más liviana, más presente, más mía.

Brindo en mi nueva mesa, alzando mi mate hacia el hermoso sol. Es mi primer atardecer, el inicio de esta nueva forma de transitar y habitar también mi casa interna.

Comienzo a familiarizarme con los sonidos de mis nuevos vecinos. Un nuevo grupo de Whatsapp me conecta con el nuevo consorcio. Ladridos desconocidos.

Desde la altura de mis balcones, contemplo los árboles que pueblan esta nueva cuadra. ¿Cuántos años llevarán aquí? Siempre me hago la misma pregunta.

Todo me agrada, me renueva los sentidos. Mis nuevas verdulerías, pescaderías, supermercados.

Una melodía fluye en mi parlante mientras estoy sentada en el lugar que imaginaba para esta etapa, escribiendo para retratar estas emociones, para asentar este torbellino. Este futuro que alguna vez fue un sueño y que ya se presenta ante mí siendo presente.

Mi departamento se encuentra estratégicamente ubicado: a seis minutos del nuevo hogar de mi padre y también de los de mis hijos. Nos tenemos cerca. Nos sentimos cerca.

Huele a nuevo, menos metros, acogedor. Fácil de mantener limpio y ordenado. Es suficiente para mí. Así anhelo que sea mi vida: liviana.

Preguntas para reflexionar

- ¿Qué viejas estructuras o roles estás dispuesto/a a soltar para dar lugar a una versión más genuina de vos? ¿Qué es lo que ya no te representa?
- ¿Qué pequeños rituales o decisiones cotidianas podrías incorporar hoy para alinear tu vida con tu sentir?
- ¿Qué sueños, intereses o deseos propios estaban guardados y ahora podrías desempolvar?

EL ARTE DE SER

9. DE LA CONCEPCIÓN AL NIDO VACÍO: EL VIAJE PROFUNDO DE UNA MADRE SIN MANUAL

Dar a luz a un hijo es dar a luz a una madre.
CLARICE LISPECTOR

Este texto es una inmersión en mi viaje de maternidad: desde el milagro de la concepción hasta el silencio del nido vacío.

Un relato real, sin adornos, sobre la transformación física, emocional y espiritual que implica ser madre.

Un vínculo infinito. Un amor que enseña, sacude y trasciende.

El milagro y el parto

Somos madres, engendramos hijos.

Mujeres con esa bendición de ser gestadoras de otro ser humano en nuestro vientre gracias al aporte masculino de una semillita, que se junta con la nuestra y luego crece y crece... Uno, dos, tres, cuatro, quién sabe cuántos seres pueden venir y caber en otro cuerpo, el de una mujer...

Crecen ahí los fetos hasta hacerse bebés completos... crecen nuestras panzas, crecen las estrías, crece la retención de líquidos, el hambre, los dolores, las tetas.

Llega el día. Se dilata. El parto. La partera. La familia está expectante y feliz por recibir al nuevo integrante.

Parto natural o por cesárea. Sin peridural, un dolor insoportablemente feliz, sublime, nos deja sin aliento, nos hace gritar como nunca en la vida anunciando el maravilloso comienzo de ese ser, nuestro hijo, fuera de nosotras.

Con peridural, un puje con menos padecimiento, pero también costoso. Un acto donde el pudor no cabe, donde todo puede salir con el esfuerzo, incluso la materia fecal, celebrada por los obstetras a quienes nada les da asco. Por lo general es la cabeza del bebé apoyada en el ano, mientras el líquido amniótico sale a chorros junto con la placenta.

Queremos que salga el bebé, en su hora natural de abandonar el hábitat húmedo que lo gestó. Hay que pujar, que todo fluya, nadie juzga, que salga todo, lo más entregada y relajada posible.

No se puede decir que no hay estrés. Hay sangre, sudor, lágrimas, ansiedad y felicidad.

El obstetra mete la mano buscando la cabecita, si no pujaste bien, te abren más la vagina e ingresan con las dos manos para ayudar al bebé a salir. Un tremendo tajo. Y si aún así, toda cortada, el bebé no baja, no sale, sugieren el quirófano y te abren la panza, una cicatriz que será un tatuaje eterno, el del nacimiento.

Una nunca sabe el final cómo será. Hay incertidumbre. Es sacar por un agujerito un ser ligado a nosotras mucho más grande que ese pequeño orificio, y que vaya a saber en qué posición decidió estar el bebé en aquel momento, fácil o no para salir.

Algunos maridos valientes presencian el parto, muchos se desmayan al pie de la camilla. ¿Por los fluidos que ven? ¿Por lo que vendrá? Son espectadores, menos mal que en ese caso no son protagonistas en escena. Alguien se acerca a atenderlos mientras una sigue en la lucha de esa recta final de desapego.

Finalmente sale. ¡Lo vemos por primera vez!

No es un acto más... Es darle la bienvenida al mundo a un nuevo ser que fue gestado en nuestra panza. Un acto único, imborrable.

El bebé llora por primera vez, te lo apoyan en el pecho, no podés creer lo que ves. Es tuyo. Es muy chiquito. Depende de vos. Es tierno.

Es para siempre. Un amor incomparable. Es lo que amaste, acariciaste desde tu piel del vientre y te acompañó día a día durante los meses que vivió allí. Tuviste náuseas, dolores de espalda, contracciones, y te deformaste por esas ganas de dar amor y cuidar a un ser salido de tu ser.

A veces el bebé va a la incubadora, como otros tantos casos. La bendición de ser sano. Otros llegan con alguna complejidad, solamente la naturaleza sabe por qué, pero hay que aceptar esas realidades que forman parte de la vida, de lo que no cumple el ciclo ideal previsto... aunque lo ideal es abstracto y personal.

Te cosen. Luego no te podrás sentar durante semanas por la cantidad de hilos y puntos en esa herida fundamental. Te darán un salvavidas redondo para que te apoyes al sentarte y la zona quede al aire.

No importa... la felicidad de ser mamá, la novedad, el proceso, el aprendizaje, ver a tu hijo, tocarlo, todo tapa cualquier molestia, que es parte, pero deja siempre algún rastro de lo acontecido en tus órganos y tu piel estirada. La menstruación regresa.

Lactancia, vínculo y agotamiento

Ese bebé es lo que estás dispuesta a cuidar por el resto de tus días.

Llenos de leche, crecen tus pechos para alimentarlos, un acto que surge naturalmente. Apenas te lo ponen sobre la panza, busca la teta, se aferra y succiona. ¿Dónde lo aprendió?

Al principio sale calostro, hasta que bajan torrentes, se rellenan sin control y sin cargo.

A veces te rebalsan porque el bebé duerme demasiado y no toma a tiempo, entonces se genera más leche de lo que consume.

A veces, toma por demás. Una bendición frente a las que enfrentaban el calostro eterno, insuficiente para alimentarlos. La naturaleza es así, a algunas les falta y a otras les sobra.

Chorrea y te mancha todo lo que llevás puesto, dejando aureolas y olores, además de que de tan duras, no te dejan respirar.

Se irritan los pezones, a veces sangran. Duelen. Usamos pezoneras para darles aire. Aceites. Puericultoras a domicilio ayudando, masajeando los pechos, exprimiéndolos bajo el agua caliente para que salga lo que el bebé no toma.

Usás el talle de corpiño más grande de tu vida. Los pechos en la lactancia no son un espacio de juego ni de deseo: son alimento, refugio y medicina para el bebé. Y pensar que en esos primeros meses, nuestros bebés van aumentando tremendamente de peso solo con nuestra leche; en el caso de las que amamantamos, resulta ser increíble lo nutritivo del alimento que sin querer fabricamos.

Hay mamás que no soportan amamantar o que por sus trabajos dejan de amamantar. Otras hacen malabarismos para que no tomen otra leche que no sea la propia, y se la sacan con un tubo para dejar en la heladera durante el día y reemplazar alguna mamada en la que no estén presentes.

Y estamos las madres que amamos que se queden dormidos mientras los amamantamos, momento de conexión mágica, con sus manos apoyadas en nosotras, jugando con nuestro pelo, mirándonos ambos a los ojos con amor, hasta que se duermen succionando como si fuéramos chupetes... para mí, momentos inolvidables. Amé hacerlo. Lloré cuando terminó esa etapa.

Noches sin dormir. Llantos, cólicos, pañales, mimos. Upa. Chupetes. Chupetes que se les caen. Camarita en la habitación. Trapito para limpiar el vómito después del eructito. Todo incómodamente hermoso.

Primera infancia: inocencia y caos

Ya comen sólidos. Ya no sale leche. Nos dejan. Lo sentí como un abandono, si bien lógico y esperable. La última vez es uno de esos momentos que ellos seguro no recordarán, pero nosotras sí.

Nos quedamos con los pechos desinflados. Es el destete. Esos pechos tremendos que llegamos a tener se convierten luego, al vaciarse, como en dos pasas de uvas.

Hay corpiños con rellenos para las que las pierden. Algunas ahorran peso a peso para la cirugía de prótesis mamarias, otras guardan lo natural como sello de esa maternidad. Lo que elija cada una, ante semejante cambio.

La comida ya les gusta más.

La mamadera, un respiro de noche para la mamá; puede bajar el papá, hay mamaderas listas en la heladera para calentar a baño María.

Bañera llena de chiches y espuma. Enjabonarlos, desnuditos mientras disfrutan pataleando en el agua a una temperatura que los relaja.

Pañales. Óleo calcáreo. Algodón. Cochecito. Bolso con ropa y pañales de repuesto. Juguetes. Mochilas.

Crece el pelito.

Es un arte dejar el chupete. No querían soltarlo, se los hice usar hasta que la goma se rompió, entonces, feo para succionar, lo tiraron ellos solitos al tacho.

Grupos de mujeres para aprender a ser mamá. Comida con la mano. Un morfable enchastre. Baberos. Vasos con piquito. Una fiesta: come como quiere, tira al piso, ensucia todo, sacamos fotos.

Escuchen, ¡¡dijo mamá!! Primeras palabras...

Se ríe, los comemos a besos. Nos reímos todos. La familia pasa a verlos, a presentarse ante ellos: títulos de abuela, abuelo, tío... les enseñamos esos y todos los términos. Repiten hasta que lo logran. Qué genialidad aprender a hablar sin darnos cuenta.

El payaso plin plin, el elefante trompita, el sapo Pepe... las canciones que siguen siendo como himnos.

El gateo. El andador. Aprender a caminar. Deambular, un peligro. Tocar y descubrir todo, andar sin rumbo, libertad. Cuidado extremo.

Cierto día, mi hija estaba en el andador dando vueltas por la casa, mientras la empleada que la cuidaba salió a tirar la basura y la chiquita le cerró la puerta. La empleada quedó afuera sin llave para ingresar. No había celulares. Cuando me ubicaron en el trabajo, me agarró desesperación, dejé todo y me tomé un taxi. Le pedí al conductor que no se detuviera en los semáforos. Mi hija se quedó durante más de dos horas adentro sola en el andador, con el peligro que representaba que se alejara, se cayera y no pudiera levantarse, o tocara algo peligroso... Vino mi vecina Vivi a colaborar con la situación, le hablaba y le cantaba desde el otro lado de la puerta. Por suerte, llegué a tiempo. Sin dudas, una etapa ingenua donde debemos andar muy alertas.

Nace el hermanito. Celos, ayuda. Dejan los pañales y viene la pelela. Se atiende a dos. Teta y puré con carne picada.

Vitina, polenta, banana pisada, manzana rallada, pollo cortado chiquito.

Dos bolsos. Upa a dos manos. Brazos insuficientes. Malabarismos. Plaza, hamaca, tobogán. Chocolatada y vainillas. Postrecitos. Inocencia. Todo se mancha, rastros de felices momentos y ricas cosas.

Descubrimiento y aprendizajes

Aprenden a caminar haciendo equilibrio, se caen, se levantan, lo logran. Luego el triciclo. Bici con rueditas y después sin rueditas, miles de caídas y raspones, tal como esos primeros pasos.

Paseos en bici y caminatas todos juntos.

Cabalgata en pony.

Jardín de infantes. Primeras letras. Sopa de fideos con letritas para armar palabras mientras comen.

Garabatos, mamarrachos. Libritos para pintar. Juguetes por todos lados.

Primer grado. Cartucheras. Cuadernos. Palabras que se empiezan a escribir con letras torpes. Primeras materias. Obras escolares en fechas patrias. Piojos.

Reunión de padres. Boletines. Cumpleaños, piñatas, papas fritas, chocotorta.

Día del maestro. Excursiones.

Niñez y logística cotidiana

Crecen en altura. Crecen lindos. Nos piden caminar de la manito. Jugamos, hacemos tareas juntos, dibujitos, papel glasé, témperas, stickers para pegar. Nos esperan contentos a la salida del colegio, corren hacia nosotros al vernos. Fotos y videos a montones.

Llevarlos y traerlos de la escuela. Logística. Deportes y actividades extraescolares. Vienen o van a las casas de amiguitos. Organización de madres y padres para ayudarnos. Voy yo hoy, mañana vos. Se quedan a dormir en casa o en la casa de algún amigo.

Divorcio en algunos casos, intento desgastante de vivir en dos casas. Ropa y táperes que van y vienen. A veces es complicado, no se sostiene. Quieren vivir en una casa. Mamá. Viandas. Ropa sucia. Meriendas ricas con los clásicos programas de la TV: los Teletubbies, luego Casi Ángeles.

Adolescencia y primeras autonomías

Secundario. Aprenden a viajar solos. Rezamos. Cruzan calles. Temblamos, confiamos. Manuales, exámenes, más viajes escolares.

Dinero, cuotas, libros, uniformes, idiomas, salidas con amigos.

Egreso. Fiesta y viaje de egresados. Temblamos de nuevo. Muchos se emborrachan, aun sin darse cuenta. Se descontrolan.

Chicos felices, madres y padres deseando que esa gran noche de fiesta final a lo loco termine bien. Estamos felizmente nerviosos hasta que regresan al amanecer. Fin de etapa para todos.

Sexualidad. Inicios. Hablarles, cómo hablarles. Empiezan a ver el mundo, a percibir la libido.

Heladera con mucho hidrato, proteínas, papas, milanesas, pastas, cereales. Se acaba rápido la provisión, más aún si invitan amigos. Supermercado semanal, bolsas sin fin.

Decidir carrera y profesión. Dilucidar prematuramente una vocación. Universidad. Cambios de carrera. Adolecen.

Primeros trabajos. Primeros ingresos. Novios. Viajes al sur, al norte, a la costa, con amigos. Independencia dependiente. Vuelven a casa. Nos llaman. Estamos pendientes, con sus primeras grandes libertades. ¿Cómo se hacen los fideos? ¿Se pone el agua y el contenido del paquete juntos? ¿Y el arroz?

Independencia y ciclos nuevos

Se mudan. Vuelan. Preguntan, valoran, aprenden. Salen a hacerse camino en la vida como nos pasó a nosotros. Obstáculos y logros.

Los cuidamos más a distancia. Los abuelos siempre están cerca, con un amor enorme hacia los nietos.

¿Los llamamos o nos llaman? Cada uno con su agenda completa. Tres generaciones, a veces cuatro, a tenerse en cuenta, coincidir, verse, cuidarse. ¿Se olvidó de que existo? Antes era lo más importante...

Ciclos. Nido vacío. Liviandad. Plenitud. Se extraña y se disfruta. Sobra lugar.

Misión cumplida.

El nido vacío y lo que queda

Todos independientes por ahora...

Es difícil explicar el amor y el vacío de una madre cuando toman su vuelo.

Aceptamos el paso del tiempo para todos; no queremos que sufran como tal vez sufrimos nosotros.

Hay que errar para crecer, así nos pasó. Nadie nos enseñó.

Desesperados por el mayor bienestar para su futuro, hay que dejar que vivan su propia experiencia.

Reflexión

Ser madre/padre es navegar un océano sin mapa, con el corazón como brújula.

A veces naufragamos, a veces somos faro.

Un lazo eterno, que se transforma pero nunca se rompe.

Preguntas para reflexionar

- ¿Qué etapa o escena de este relato resonó más con tu experiencia? ¿Qué emoción te trajo?
- ¿Qué parte tuya no querés que se pierda en ese dar sin pausa?
- ¿Qué juego o canción te devuelve a esos años?
- ¿Qué sentiste cuando te diste cuenta de que no volvía a casa esa noche, porque ya tenía su hogar?
- ¿Cómo sentís que cambió el lazo con tus hijos, qué permanece, qué se transformó?
- ¿Qué le dirías hoy a tu hijo o hija, si solo pudieras decirle una frase?

10. CUANDO EL CUERPO TOMA LA PALABRA

El cuerpo es un templo sagrado: cuídalo como a tu historia.
CLARISSA PINKOLA ESTÉS

Este relato nace en el cruce entre el dolor físico y un despertar emocional. Es una dedicatoria a quienes tuvieron que frenar a la fuerza, a quienes aún no lo hacen, a quienes no se cuidan lo suficiente, a quienes aprendieron –como yo– que el cansancio no es debilidad, sino un mensaje que merece ser escuchado.

No podemos volver a ser quienes fuimos, pero sí aprender a habitarnos con más consciencia en este presente, tal como se nos presenta.

He tenido, y tengo, dolores físicos. No son graves ni imaginarios. No son caprichosos. Son reales. A veces sutiles, a veces intensos, molestos, limitantes. Aparecen en la espalda, las articulaciones, la pelvis. Señales. Como si el cuerpo intentara decirme algo que yo no venía escuchando.

Al principio pensé que era algo puntual: una mala postura, una noche mal dormida, el exceso de entrenamiento, el ritmo sostenido de responsabilidades. Pero los dolores se repetían. Me frenaban. Me pedían mirar más allá del síntoma.

El cuerpo protesta con dolor u otros síntomas lo que callamos y descuidamos. Lo que nos daña. Lo que ocultamos bajo la rutina cuando nos adaptamos a todo, menos a nosotros mismos. Cuando el alma está cansada y ese cansancio no se alivia con dormir.

A veces, el cuerpo es el único que se atreve a hablar. Grita a través del agotamiento de sostener demasiado, de exigirse ser fuerte, de no haberse dado tiempo para procesar duelos o rupturas. Grita con ansiedad, con insomnio, con tensiones que se cronifican.

Cuando te encontrás en un lugar que te hace ruido interno, que no te da la satisfacción que deseas, el cuerpo se revela como un auto recalentado en la autopista: sin pausa, sin combustible, hasta que simplemente se detiene.

Sobreadaptarse tiene su precio. Comer mal, también. Frenar de golpe algo que nos gusta de la vida duele, incomoda, genera abstinencia... pero también abre nuevos caminos. Aprendí que ese freno, cuando lo escuchamos, puede convertirse en un umbral. Abre puertas a otros modos nuevos de transitar y aceptar lo que la vida pide. Cambios.

Tuve ataques de pánico. Fueron el clímax de varios colapsos. El cuerpo me gritaba lo que yo no podía decir. No supe cómo parar, pero el miedo me obligó a detenerme, y a enfrentarme conmigo misma para poder seguir.

Cambiar mi forma de moverme fue también cambiar mi forma de vivir. Dejé atrás ejercicios exigidos de alto impacto, esos que me conectaban con la fuerza pero también con la exigencia, para empezar a practicar movimientos y deportes en forma más conscientes, respetuosos de mi realidad.

"Mientras vivas, sigue aprendiendo a vivir", dijo Séneca.

Hoy transito más lento. Modifico rutinas, espacios, hábitos, maneras de trabajar. Me acomodo a lo que soy hoy.

Aprendí que cuando no duele, uno puede preocuparse por todo. Pero cuando duele, solamente te importa sanar. El dolor enfoca. El cuerpo se vuelve guardián. Te protege. Te avisa. Cuando no podés detenerte, el cuerpo muchas veces lo hace por vos.

El autocuidado es una forma de amor. No todo lo que nos sucede físicamente es controlable, claro, pero podemos colaborar. El paso del tiempo provoca sus desgastes, ya no somos seres nuevos, sino usados, y por ende, nos van sucediendo cosas. Algunas podemos prevenir, o ayudar a que sean mas leves.

Para vivir una vejez más plena, más sana, si algo impredecible no nos sucede, necesitamos estar atentos: a la postura, a los excesos, al descanso, a lo que comemos (si nutre, si inflama, si es insano para nuestra microbiota), a lo que no decimos, a un ejercicio saludable, a cómo nos comunicamos. Expresar las emociones con claridad para que no se transformen en padecimientos en cualquier lugar del cuerpo: se cierra el estómago, se cierra la garganta, nos tensionamos, guardamos sentimientos que necesitan salir para no acumularse por dentro y transformarse en enfermedad o síntoma. Todo eso se acumula… o se libera.

Vivir con sabiduría es vivir con escucha, con expresión, con consciencia, con equilibrio.

Hoy, ya superando esas molestias, que si me excedo me alertan, siento que algo en mí también se está sanando.

"El cuerpo es el lugar de lo psíquico", me dijo mi terapeuta. Y entendí.

Más allá de lo vulnerable, del destino, de lo que escapa a nuestro control, seguimos siendo únicos responsables de cómo elegimos cuidarnos.

Somos nuestros dueños. Nos dieron un cuerpo y un alma con sus características, debemos aceptar, concientizarnos y hacernos cargo de lo que hacemos con él.

Preguntas para reflexionar

- ¿Qué parte de tu cuerpo te está pidiendo ser escuchada?
- ¿Qué estás sosteniendo que ya no te corresponde o no deseas sostener?
- Si pudieras moverte por la vida a un ritmo más sabio, ¿qué cambiarías?
- ¿Qué nuevo hábito podrías incorporar para honrar tu cuerpo?

11. ENTRE LA HUMEDAD Y LA SEQUÍA: ESTACIONES DEL CUERPO

La vida no se comprende hasta que no se ha atravesado.
MARGUERITE YOURCENAR

La menopausia es, para mí, una transición sabia y natural.

Este es mi relato sobre cómo mi cuerpo se adapta a este nuevo ciclo, a esta nueva estación, sobre el movimiento de mis fluidos, a veces abundantes, a veces escasos.

Es una invitación a mirar este proceso como un ciclo natural de la vida.

La menstruación se despidió de mí hace unos años, alrededor de mis cincuenta y cuatro, según me indicaron mis análisis.

Ahora, mi cuerpo está inmerso en una nueva sensación, una metamorfosis gradual que acompaña el retiro de la fertilidad.

No lo controlo, pero lo observo con fascinación, como un misterio físico y humano que se manifiesta con sabiduría.

Acepto estos cambios lentos, adaptándome a lo nuevo que surge con el simple avanzar de la vida.

El tiempo fértil de la mujer cumple su ciclo, con la misma naturalidad con la que los hombres experimentan también sus propias transformaciones hormonales.

Qué asombrosa perfección la de este cuerpo humano, un proceso silencioso donde hasta la respiración y el latido del corazón funcionan sin pedir permiso, recordándonos lo mágico que es estar vivos.

La sangre y el agua corren por dentro a gran velocidad, suben y bajan, caen como cascadas naturales, y ni siquiera nos damos cuenta.

No lo controlamos. Sucede. Todo funciona como una máquina que aceita los mecanismos para sostener esa vida.

En el espejo voy viendo una nueva versión de mí.

Aunque mi espíritu se sienta joven, me siento cambiada: la paciencia se ha instalado en mí, un ritmo más lento, una exigencia diferente al cuerpo.

Este es mi ahora: un envoltorio con un relleno en constante cambio, un contenido físico que se transforma involuntariamente, siendo mi esencia la que permanece intacta.

Recuerdo mis años de menstruación, un torrente a veces abrumador que desafiaba cualquier protección femenina. Las noches parecían sacadas de un cuento de Drácula que dejaba las sábanas manchadas.

Recuerdo el día que me indispuse por primera vez. Mi mamá feliz y emocionada, yo sin poder encontrar la razón ante semejante incomodidad. Tan chica, convirtiéndome en mujercita. La timidez de los primeros corpiños que se notaban... el despertar de la sensualidad... Aquel primer novio con el miedo a dar el primer paso. El tabú. La visita a la ginecóloga, los consejos y cuidados. Cruzar la barrera del temor con ternura y aprender a respetar las necesidades del cuerpo con mas disfrute y conciencia. Mujer fértil.

Nunca detuve mi rutina, pero los brotes en la piel, la hinchazón, la irritabilidad eran compañeros de esos días.

Planificar viajes románticos requería una estrategia de fechas, una ruleta que a veces jugaba en mi contra, como aquella vez que viajé a Río con un novio reciente. ¡Justo esa semana!

Una cascada imparable que parecía burlarse de mis planes. La intimidad se volvía una odisea; las sábanas, un campo de batalla sangriento; mi hermoso camisón de raso, una víctima más.

Hasta mi traje de baño parecía sentarme mal por la hinchazón y el hilo del tampón que se escapaba… una anécdota playera que aún me hace sonreír.

En el baño, mis apósitos, discretamente envueltos, eran un testimonio silencioso de mi ciclo. Pero el humor se mantuvo firme, con una sonrisa ante lo inevitable.

Ahora, mis noches tienen otra humedad, la de las olas de calor.

Un sofoco me asalta, transformando mi cama en un sauna. Empapo el pijama, la sábana, busco alivio en el aire acondicionado o en la ventana abierta, y luego tiemblo, porque al estar transpirada el aire me provoca frío.

En mis noches y en mis días conviven varias estaciones: paso del verano al invierno en cuestión de minutos.

Cuando la ola de calor me invade, recogerme el pelo, quitarme y ponerme el abrigo se convierte en un ritual.

Busco respuestas en el ambiente, preguntando si soy la única que siente ese calor.

Y sí, soy yo: una nueva versión de mí, calurosa ahora y friolenta luego.

Mi cuerpo sigue segregando fluidos, como en aquellos días, pero de una manera diferente. Un nuevo equilibrio entre la humedad y la aridez.

Incluso la ducha se ha transformado.

Ahora necesito unos minutos extra para vestirme, porque el agua caliente activa una sudoración persistente. Me seco con la toalla, pero mi piel sigue emanando transpiración por un rato más.

La visita al oftalmólogo me revela también esta nueva verdad: mis ojos están secos. Una sorpresa nada grave que él vinculó, con una sonrisa cómplice, a esta nueva etapa de mi vida. "Todo empieza a secarse, ¿entendés?".

Indicó gotas para aliviar mi vista.

El trauma de los piquetes en la Autopista Richieri, en los tiempos en que trabajaba algunos días en la provincia, me dejó una inesperada fobia. La impotencia de estar varada durante horas bajo el sol, con la garganta seca y una sed insoportable, me marcó.

Desde entonces, la botella de agua es una compañera inseparable que llevo a la par de mis llaves, ahora más que nunca. Necesitamos más agua, más hidratación por todos lados.

Incluso la visita a la peluquería –que confieso, detesto– se ha vuelto un intento por armonizar mi espíritu con la imagen que el espejo devuelve al mostrarme las canas que comenzaron a aparecer, porque al momento me gusta más el rubio.

Al igual que leer, depilarse las cejas pasó a ser un acto dificultoso, producto de la presbicia.

Sigo a expertos en longevidad, escucho los secretos de las zonas azules, buscando inspiración para vivir esta etapa con vitalidad y optimismo.

Mis amigas son mis cómplices en estas charlas femeninas, donde compartimos experiencias y descubrimientos de las últimas novedades o tips para enfrentar este ciclo. Coincidimos en que el café, el vino, el té y los baños calientes desatan esas oleadas de calor que nos convocan.

Siento una profunda gratitud por cada etapa. He vivido intensamente, aceptando los desafíos de mi camino. No hay ser humano que escape a este avance del tiempo.

Y estos "desgastes" que ahora experimento son la prueba de una vida plena.

No es una despedida melancólica de lo que fui, sino una celebración de lo vivido y una apertura a lo que aún puede ser.

Es la vida, una bendición en constante movimiento, fuera de nuestro control. Cualquiera sea nuestro sexo, todo cambia en nuestro cuerpo.

Preguntas para reflexionar

- ¿Cómo manejás los cambios hormonales, el humor y la percepción de vos mismo/a? ¿Cuál es tu actitud en esta etapa?
- ¿Qué versión nueva de vos mismo/a está naciendo en este cambio?
- ¿Qué le agradecerías hoy a tu cuerpo por todo lo que ha hecho por vos?
- ¿Cómo cambió tu relación con el placer, el descanso o la sensualidad?
- Si tu menopausia/andropausia fuera una estación del año… ¿cuál sería? ¿Por qué?

12. CAMINOS HACIA MI ORDEN – LA PAZ EMPIEZA POR CASA

Debes vivir en la pregunta.
RAINER MARÍA RILKE

> *A veces, nuestras manías en casa no son solo costumbres. Son pistas.*
>
> *En mi caso, el orden no es una cuestión estética. Es una necesidad del alma.*

Mi casa en orden

Mi casa en orden me suma calma.

No soporto la idea de salir y dejar la cama deshecha. Tampoco volver y encontrar tazas sucias, almohadones fuera de lugar, cortinas cerradas en pleno día. Cada cosa tiene su sitio, y cuando está en orden, algo en mí respira mejor.

Crear un entorno limpio, luminoso, aireado, es mi manera de bajarle el volumen al mundo. Ante un mundo desordenado, entrar a mi casa ordenada me da paz.

Es mi refugio, mi forma de volver a mí, de sentir que hay un espacio donde todo tiene sentido y fluye bien.

El camino de las mil terapias

Mi curiosidad –y mi necesidad– me llevaron por múltiples caminos. Algunos para conocerme más, otros para aliviar dolores o mejorar mi calidad de vida.

No porque estuviera rota, sino porque sentía que podía estar mejor, y quería probar.

Fui y sostengo mi terapia. Medité en El Arte de Vivir. Incursioné en yoga, taichi, hice constelaciones familiares. Probé acupuntura, ozonoterapia, quiropraxia, proloterapia. Me encerré en una cámara hiperbárica, me bañé con aceites en sesiones de masajes, transpiré en saunas. Hice homeopatía y apiterapia. Me acerqué al mindfulness, al coaching y al mentoring. Leí libros de autoayuda. Decodifiqué mis problemas con la bioneuroemoción. Hice talleres de canto, de teatro y de escritura. Probé cannabis medicinal, reduje azúcares, harinas, productos fritos o con químicos, empecé a elegir el chocolate amargo al 80%. Sumé suplementos, dietas más conscientes, escucho consejos de expertos.

Algunas prácticas me devolvieron a mí misma con más beneficios. Otras, simplemente me aliviaron. Y ambas cosas fueron valiosas.

La vida no da respiro, y cada recurso que ayuda a sostenernos merece un lugar. Aprendí que todo buen hábito suma a las probabilidades de sentirnos un poco mejor, hoy y en el tiempo.

No se trata de elegir entre medicina o espiritualidad, entre cuerpo o alma. Se trata de encontrar un equilibrio propio. Para mí, ese equilibrio empieza por la casa, la de afuera y la de adentro. Un espacio ordenado, donde fluye la vida, el tiempo y el aire, me ayuda a recordar que también yo puedo respirar con más calma.

El verdadero orden no es rigidez, ni perfección, ni control.

Aprendí que una de las mejores cosas que pueden sucedernos en el camino es tomar conciencia de nuestras incomodidades, sean cuales sean. Porque es justamente en dichas incomodidades donde comenzamos a buscarnos… y a encontrarnos.

Preguntas para reflexionar

- ¿Qué detalles en tu entorno te traen serenidad cuando el mundo se desordena?
- ¿Qué técnicas, disciplinas o recursos te han ayudado, ya sea para aliviar el cuerpo o cuidar el alma?
- ¿Qué tipo de incomodidad estás sintiendo hoy en tu vida?
- ¿Qué pasaría si en lugar de evitar la incomodidad, te detuvieras a escucharla?

13. YOGA, MINDFULNESS, TAICHI: EL PLACER DE LA PRESENCIA SIN EXIGENCIAS

La mejor manera de capturar momentos es prestar atención. Así es como cultivamos la atención plena. La atención plena significa estar despiertos. Significa saber lo que estás haciendo.

JON KABAT-ZINN

> *En el vértigo de los días, el cuerpo y la mente suelen quedar atrapados en la inercia de lo urgente. Pero existen resguardos silenciosos donde habitarse y escucharse también: las prácticas que nos devuelven al presente.*
>
> *Este texto es un testimonio personal de como el yoga, el mindfullness y el tai chi, se volvieron aliados en mi camino.*
>
> *Entre posturas, respiraciones y movimientos conscientes, descubrí que la verdadera fortaleza no esta en la exigencia, sino en la escucha; no en la perfección, sino en la constancia; no en el futuro, sino en este instante.*

Yoga

Como un árbol que se despierta con el sol y estira sus ramas hacia el cielo, cada mañana mi cuerpo me pide alargarme, abrirme y conectarme con el momento presente, buscando equilibrio, firmeza y un mejor sostén.

Suelo acostarme cada noche con una relajación consciente y me coloco almohadas bajo las piernas si duermo boca arriba, para mantener la columna en buena posición. Pero al dormir uno se sumerge en otro mundo de sueños o regeneración inconsciente y no nos damos cuenta de los movimientos que hacemos.

Al despertar, no me lanzo a practicar posturas avanzadas de inmediato como las que fui aprendiendo con los años. Primero abro los ojos y escaneo en qué estado estoy y qué parte de mi cuerpo me pide auxilio. A veces me siento liviana y lista para levantarme y moverme; otras soy una estatua de piedra.

La primera acción del día es avisarle a mis músculos de que tienen que moverse y corregirse. Empiezo la práctica matutina con esa sensación de que el cuerpo está encogido como un resorte, pero, al terminar, siento que me expando y que mis músculos se suavizan, se estiran.

Luego medito un rato, Joe Dispenza muchas veces como guía.

Aprendí que, después de cada entrenamiento intenso, de cada día de oficina con la espalda encorvada, cada sesión de escritura apasionada sin darme cuenta de lo torcida que voy quedando, o de cada noche inquieta, hay una forma de resetearme: respirar, estirar, elongar, alinear, relajar.

No hay forma de sostener una buena postura en ninguna práctica, si mi mente sigue corriendo y está preocupada por mi vida de afuera. Al hacer yoga, me obligo a estar presente. Si mi cabeza se va lejos, pierdo el equilibrio. Así, entre inhalaciones y exhalaciones, aprendo a estar aquí, en este momento, en este cuerpo que, con todas sus contracturas, sigue sosteniéndome.

Presto atención al efecto e intención de cada postura, ya sea en la sesión grupal como en la individual, intentando que la posición sea lo más correcta posible.

El yoga es una medicina natural. Me ayuda a sanar al darme cuenta de cómo está cada centímetro de mi anatomía.

Hay días en los que me entrego a la práctica con tiempo y tranquilidad, y otros en los que me limito a hacer estiramientos localizados en las zonas más vulnerables de mi cuerpo. Y luego acciono con algunos ejercicios de movilidad que he incorporado.

Lo importante es que lo hago, lo disfruto visceralmente, lo necesito y me es sanador e imprescindible.

Cuando voy a la clase, no quiero que termine. Me siento feliz y en paz en ese mundo de trabajo con mi cuerpo y mi mente, libre de demandas externas. Me desafío a mí misma a estirarme más y mejor cada vez.

Al final de las prácticas me acuesto y logro esa sensación de derretirme en la colchoneta, de despegarme de mi esqueleto, de flotar, de liberar al piso lo que no sirve y levantarme con lo que sí.

Los yoguis suelen abrazar árboles. En algunas de mis prácticas, encuentro paz no solo en la meditación o en las posturas, sino en la conexión con la naturaleza, porque muchas veces lo practico al aire libre.

Los árboles también me enseñan a estar enraizada en el presente.

Mindfulness

En 2018 descubrí el *mindfulness*, que afianzó mi manera de habitar el presente con todos mis sentidos encendidos, como si mi vida fuera una película en alta definición que antes veía en blanco y negro, rápida y superficialmente.

Ahora miro con más atención los colores y los detalles de lo que se me presenta, escucho con más presencia los sonidos, ya sea un parque con sus pájaros, las hojas de las plantas al moverse con el viento, el ladrar de un perro, el motor de los autos, los grillos en el campo, los truenos, la música... no soy una simple transeúnte que se mueve por inercia, sino que percibo lo que pasa en cada escenario.

Saboreo las comidas con más consciencia, no las trago por el hecho de satisfacer mi hambre, siento su sabor, su textura en mi boca, la sensación de exquisitez que me deja o no tanto. Agradezco las bondades que ese alimento produce en mí con sus nutrientes. Mastico y degluto con más atención. Antes sólo tragaba, mientras mi mente volaba en otro lugar.

También siento las texturas, las sensaciones del viento en mi cara, el frío, lo suave y lo áspero, lo peludo, lo húmedo, lo caliente o lo fresco.

El *mindfulness* es una práctica que recuerda que la vida no pasa en los pensamientos del pasado ni en las ansiedades del futuro. Ocurre aquí, en este preciso instante, ahora, con todos los sentidos.

En uno de los retiros que hice, probé la técnica *Slow* en un bosque. Era parte de una práctica guiada: caminar muy despacio, como en cámara lenta, conscientemente, talón, punta, talón, punta... La consigna parecía sencilla. Pero no lo fue.

Nos indicó que pusiéramos toda la atención en el acto de caminar bien lento. Que escucháramos el sonido de las hojas secas, que sintiéramos el pie entrar en contacto con la tierra, que habitáramos el cuerpo paso a paso. Y ahí empecé a entender lo difícil que era desacelerar... caminar lento, respirar profundo, observar sin prisa... todo eso forma parte de una práctica que honra el presente. Como si el tiempo se volviera más generoso cuando lo transitamos sin apuro.

Mi cuerpo, acostumbrado al ritmo urbano, al hacer por hacer, se impacientaba. Me costaba encontrar ese ritmo pausado. Cada paso era una lucha entre el impulso de avanzar y el deseo de ralentizar. Escuché el crujir de una rama bajo mi pie, sentí el sol filtrarse entre los árboles, vi una mariposa posada en una hoja, pequeños regalos que antes habrían pasado desapercibidos. Me di cuenta de cuántas veces caminaba por la vida sin realmente pisarla.

Caminar lento me enfrentó a mi ansiedad. Me recordó que el cuerpo guarda ritmos. Que no siempre hay que correr y que, a veces, el verdadero viaje empieza cuando uno se detiene.

Tai Chi

Hace un tiempo, cuando mi cuerpo pedía bajar exigencias físicas, mi deportólogo Pablo me sugirió el Tai Chi. Tal como el yoga, promueve el bienestar físico y mental, sólo se diferencia en su origen, enfoque y estilo de movimiento. El Tai Chi surge de la tradición china como un arte marcial meditativo, con gestos circulares y fluidos que movilizan la energía interna (Chi), mientras que el yoga nace en la India como una práctica espiritual basada en posturas (asanas), respiración consciente y unión cuerpo-mente-espíritu. Estos caminos invitan a la introspección, pero uno lo hace en movimiento constante total y el otro a través de la quietud y el equilibrio postural. Sumé la movilidad del Taichi, y ahora alterno con esta técnica.

Estas prácticas son un placer sin exigencias. Un espacio donde me encuentro, me descubro y me cuido sin la presión del deber ni del rendimiento.

No me juzgo ni me siento juzgada. Simplemente soy. No hay metas ni resultados esperados, más que el placer de sentirme bien, de habitar mi cuerpo y el tiempo con conciencia.

Son medicina natural sin efectos secundarios.

Preguntas para reflexionar

- ¿Qué hábitos (grandes o pequeños) sostienen tu bienestar físico y mental?
- ¿Hay alguna práctica que sabés que te haría bien y que te gustaría incorporar en tu rutina diaria, incluso si fueran solo unos minutos?
- ¿En qué aspectos de tu día a día sentís que podrías estar pasando por alto la belleza o algunos detalles significativos?
- ¿Qué sentido (vista, oído, gusto, tacto, olfato) te gustaría activar más plenamente para experimentar el presente con mayor intensidad?
- ¿Alguna vez intentaste caminar bien lento? ¿Pudiste sostener ese ritmo? ¿Qué te trajo ese cambio de velocidad?

14. LEER: UN REFUGIO NUTRITIVO

Yo creo que uno no es lo que es, sino lo que lee.
Jorge Luis Borges

En un mundo donde el ruido es y sigue siendo constante, encontrar espacios de calma y nutrición intelectual se vuelve cada vez más necesario. Uno de esos espacios tiene dos puertas, una junto a la otra: la escritura, donde mis pensamientos y sentimientos toman forma y se expresan; y la lectura, donde mi mente se expande con las expresiones de otros.

Comparto en este relato mi sentir sobre ese segundo santuario, donde las palabras impresas se convierten en pasos hacia mundos desconocidos, fuentes de experiencia humana, aprendizaje y emoción.

La lectura es, para mí, una compañera inseparable de la escritura, tan esencial como el alimento y la bebida. No concibo una sin la otra. Me atrae la posibilidad de sumergirme en vivencias ajenas, de retirarme a la imaginación que otros han desplegado y sintieron la necesidad de compartir.

Cada libro es un encuentro con otras vidas, reales o ficticias, donde me veo reflejada, aprendo lecciones valiosas, me conmuevo profundamente y visualizo otros mundos.

Pueden ser historias de vida más terrenales o bíblicas, teorías complejas, leyes, fórmulas reveladoras… todas cuidadosamente plasmadas en letras. Muchas quedan obsoletas, otras trascienden generaciones, siglos.

Me asombra el poder de plasmar con tinta sobre el papel y transmitir emociones tan intensas, para construir tramas, para generar reflexiones, para legar conocimientos ancestrales o comunicar descubrimientos recientes.

Si no se hubiera escrito, cuánto se habría perdido, cuánto quedaría en el olvido.

El progreso se apoya en lo que ya está escrito, en la posibilidad de construir sobre los conocimientos anteriores compartidos.

Se descubre, se plasma, se lee, se mejora. Lo viejo más lo nuevo. Se avanza. Y cada avance escrito da lugar a otro.

Leer es, para mí, un espacio de calma. El simple acto de relajar el cuerpo, ya sea en un sillón, en la quietud de la cama, en un avión, en la despreocupación de una reposera o en alguna sala de espera, permite que mi mente se libere y se enriquezca, mientras reposo.

A diferencia de la escritura, donde mi voz se expresa en palabras, la lectura es un acto de recepción de ellas que nutre mi interior. Al escribir expreso, al leer me expresan.

Es otro tipo de presente, una atención plena a las ideas y emociones que fluyen en las páginas. Cada página es una parte de mi tiempo vital invertido en enriquecimiento personal.

En cada una de ellas encuentro una conexión con otras mentes y corazones que han tenido la valentía de modelar sus mundos e ideas con palabras.

Este refugio me confirma el poder de compartir historias.

Preguntas para reflexionar

- ¿Cuáles son los refugios y actividades que te permiten desconectar del ruido cotidiano y sentirte nutrido emocional o intelectualmente?
- ¿Qué tipo de vivencias ajenas, a través de libros, películas, conversaciones, te resultan más enriquecedoras y por qué?
- ¿Hubo algún libro que te acompañó en un momento importante de tu vida?
- ¿Qué lecturas fueron significativas o inolvidables para vos? ¿Por qué?

CUERPO EN MOVIMIENTO, CUERPO PRESENTE

15. MI CUERPO EN EL AGUA: FUERZA, FLUIDEZ Y SILENCIO

Tengo un deseo profundamente oculto
e inexpresable por algo más allá de la vida cotidiana.
VIRGINIA WOOLF

Nadar para mí es como ser un árbol cuyas raíces tocan el agua en busca de vida y renovación.

Es en este universo acuático donde mi cuerpo y mi mente encuentran una libertad especial y donde cada brazada, sorbo o zambullida son un placer.

El agua me acaricia cuando me sumerjo y durante toda mi estadía en ella. Ante cada caricia, me siento bien.

Nadar no es simplemente un ejercicio, es una necesidad casi biológica. Mi cuerpo me lo pide con insistencia, como quien necesita un mate o un café por la mañana, un buen abrazo, comer o dormir.

Cuando paso días sin nadar, me vuelvo inquieta, un pez fuera del agua, literalmente. Es instintivo, cada vez que veo una piscina, un mar, un río, me dan ganas de tirarme al agua.

No me da fiaca ir, desvestirme, ponerme la malla, las ojotas, la gorra apretada, las antiparras. No me da fiaca tener que bañarme y volver a cambiarme luego de una práctica. Incluso en los días de lluvia y frío, voy.

Si el cloro o la sal resecan la piel o el cabello, voy. Nadar es una de esas cosas que necesito en mi vida.

Aprendí a nadar de chica y ya entonces el agua me parecía un universo para despegarme de la tierra y flotar. Un lugar donde todo pesa menos y las reglas cambian.

Nadar me transforma. Me llena de libertad. En el agua las tensiones musculares se ablandan y flotan también. Mi energía se reinicia, la sangre fluye con mayor intensidad y se refresca.

Ahí, sumergida, el mundo se calla.

Cada tres brazadas, respiro alternadamente a cada lado. Cada movimiento es único, lo siento y lo voy armando, intento cumplir con las técnicas y estilos adecuados.

Fortalezco los músculos con cada impulso, más aún si uso manoplas que desafían la resistencia del agua. Las piernas se afirman, pateando con determinación, y si uso patas de rana, siento mi cuerpo avanzar con más velocidad. Mi abdomen se mantiene firme, sosteniendo la horizontalidad y guiando la línea de avance.

Y luego está el silencio. Ese hermoso silencio cuando mi cara se introduce en el agua. Si nado crawl, las antiparras me regalan una visión subacuática que me acompaña en el recorrido; puedo ver el fondo de la pileta con sus baldosas y líneas pintadas, y si estoy en el mar o en una laguna con agua translúcida, diviso el suelo arenoso, un desfile de peces que van juntitos o algas y rocas que relajan mis pensamientos, y me hago parte.

A veces el agua de algunos mares o lagunas es turbia y en esa nebulosa, con las antiparras protegiendo mis ojos, solamente siento, sin distracción visual.

Respirar a ambos lados me sumerge en un juego de imágenes. Si nado paralelo a la costa en el mar, alterno la visión de la playa con la del horizonte infinito, esa línea que nunca sé a qué distancia está y qué nos plantea el fin de la tierra.

También veo embarcaciones, motos de agua. Si nado al atardecer, esa hora mágica, la puesta de sol se convierte en una película en vivo y yo soy la protagonista en esa escenografía sin otro guión que fluir en el presente, en mitad de esa maravilla.

Muchas veces, sin darme cuenta, me alejo demasiado del parador en donde dejé mis cosas y me convierto en un puntito en el agua. Avisto a la gente como muñequitos lejanos, y ya no podrían reconocerme ni gritarme. Ahí donde estoy sólo escucho la marea. En ese momento, fluyo con ella, con el sube y baja de las olas y el cielo, mezclado con el agua en el infinito, reflejando sus colores. De pronto, todo es parte de una misma pintura: nubes, tonos naranjas, rosas, celestes, negros, puro arte al natural, improvisado.

Cuando nado en la pileta, veo a otros nadadores a ambos lados, miro los andariveles y, cuando detecto la escalerita del costado, ya sé que me queda una brazada más para mi vuelta americana.

También cuento las brazadas que me lleva ir de un borde a otro, con o sin manoplas o patas de rana, para anticiparme, sobre todo si nado espalda.

Un placer aparte son las vueltas americanas al finalizar cada largo en la piscina. Me dan flexibilidad, me pliego y me doy vuelta bajo el agua, me siento ágil, como de goma. Es un movimiento que afuera del agua sería imposible, y me encanta. Cuando impulso mis piernas contra la pared, siento que arranco de nuevo, que vuelvo a empezar con más fuerza. Son unos segundos de dejarme llevar por el envión, sin hacer nada, y por ese instante, hasta mi primera brazada, todo es ser y avanzar con la fuerza de mi empuje.

Nadar espalda con cielos abiertos me da otra sensación. Miro el cielo, ese misterio a veces celeste y con sol radiante; en ocasiones, el paisaje es nublado y busco dibujos en las nubes.

Cuando atardece, los tonos de esa inmensidad misteriosa también cambian a medida que avanzo... De vez en cuando entro antes de la puesta del sol y salgo con las primeras estrellas.

Me gusta tanto mirar esas galaxias que me olvido que voy nadando, a veces pierdo la cuenta de las brazadas y me choco con el borde. Señal de presencia.

Jugar con las olas

La cura para todo es el agua salada: el sudor, las lágrimas o el mar.
ISAK DINESEN

Enfrentar las olas, verlas venir como pequeñas montañas de agua, decidir si pasarlas por debajo, montarlas o dejarlas que me empujen, es un juego pura adrenalina.

Ese instante de magia cuando estallan sobre mí y debajo solo hay paz, es como un escondite del estruendo. El mundo afuera revienta, pero ahí todo es calma. Me meto bien abajo para que no me arrasen. Saco la cabeza una vez que pasaron.

En algunas oportunidades, llega una ola repentina y no me da tiempo de abrir los ojos, y ahí sí, un tanto riesgoso, soy arrasada y pierdo el control, me dejo llevar, no puedo contra ella, hasta que me deposita donde quiere o donde logro hacer pie y enderezarme.

Me divierte. Salgo con la sensación de haberle ganado un round al mar.

Excepto que haya banderitas rojas de peligro, viento fuerte o frío, entrar en el mar es un desafío de puro disfrute.

El agua como meditación

Hay metros en los que mi mente abandona los pensamientos. Dejo ser y hacer a mi cuerpo su trabajo. Simplemente nado. En esos metros en los que voy meditando, a veces hago un "ommm" bajo el agua, y el sonido de esa eme sostenida resuena en mi cabeza y retumba diferente. La siento más profunda, hace vibrar más mi cerebro. Un mantra líquido que nadie escucha.

Flotar

Ponerse en cruz boca arriba, llenar los pulmones y relajar todo el cuerpo, toda tensión en forma consciente, sentir liviandad, dejarse llevar por el vaivén del agua, cerrar los ojos y simplemente ser... Entregarse al agua, derretirse allí, sin control, solo sosteniendo el aire… Momento de simplemente estar sin más.

En el agua como en la vida, a veces avanzamos con control y otras veces es lindo si nos dejamos llevar.

El nado y el tiempo

Cuando era chica, competía contra otros, usaba el cronómetro y trataba de ganar. Ahora trato de ganar al disfrutar de este, mi tiempo, el que pasa con cada metro que hago.

Me produce deseo y calma. Me relaja las articulaciones. Me aliviana la pesadez del cuerpo… Me llama a atravesar y romper con una estela esa superficie dispuesta para mí.

Me gusta despegar los pies del suelo y meterme en ese hábitat líquido que cubre gran parte de la tierra e integra mi cuerpo. Incluso navegar y remar me generan una sensación de expansión, al atravesar esa enorme superficie de agua natural y vivirla desde adentro.

El agua me transforma. Tomo agua, me sumerjo en ella, la transpiro, me baño, la necesito y hasta la lluvia, pequeñas gotas, nos recuerda la belleza y el misterio que puede caer del cielo para fecundar con agua, la tierra y el alma.

Preguntas para reflexionar

- ¿Qué actividades te generan la misma sensación de libertad y plenitud que el nado me genera a mí?
- Si sumergirse en el agua es una metáfora de vida... ¿estás braceando con esfuerzo ó dejándote fluir con las olas? ¿De qué necesitás soltar el control, como al flotar, para sentirte más liviano?
- ¿Qué emociones emergen en vos cuando estás en contacto con el agua en cualquiera de sus formas?
- ¿Qué actividad o propósito tiene tanto sentido para vos que no dudás en sostenerlo?

16. CORRER LA VIDA: METÁFORAS DE RESILIENCIA EN CADA KILÓMETRO

El dolor es inevitable, pero el sufrimiento es opcional.
HARUKI MURAKAMI, DE QUÉ HABLO CUANDO HABLO DE CORRER

Correr es para mí una actividad donde la mente y el cuerpo se desafían, se alientan y, a veces, se enfrentan en pequeñas batallas internas para cruzar la meta, dejando una sensación imborrable de superación y un masoquismo feliz que solo los corredores entienden... con el plus de ser un logro personal, pero con la complicidad de un grupo.

Miro el paisaje que me rodea, escucho el ritmo de mi respiración y el latido de mi corazón, siento la paz y la liberación que me da el aire puro.

Al principio, el cuerpo protesta. La agitación inicial, la respiración incómoda. Pero son solo los primeros minutos, una entrada en calor que prepara mis pulmones y mi cuerpo para la intensidad que vendrá. Un avance gradual.

Cuando acelero, la falta de aire amenaza, pero el cuerpo es sabio y afloja el ritmo antes de rendirse. Mis piernas avanzan, a veces en sincronía con mi cabeza enfocada, otras, luchan contra el cansancio. Entonces, la mente se convierte en mi aliada, la aliento, le recuerdo por qué es fundamental seguir adelante. Nos alineamos, aunque mis piernas pidan detener la marcha.

El cansancio llega con una señal fuerte y sincrónica del cuerpo pidiendo tregua. Disminuyo el ritmo, lo escucho, pero no me detengo. Ya no puedo ir más rápido, aunque quiera.

En cada carrera, aprendo sobre la tenacidad, sobre cómo el deseo visceral puede superar el límite físico. A veces mi cabeza cuestiona el esfuerzo, pero mi corazón responde con sentimiento por la meta a alcanzar y la necesidad de superar el objetivo. El cuerpo se adapta. Las piernas se endurecen, pero se mantienen firmes.

Mente, cuerpo y corazón se alinean en un propósito, tras una lucha en el recorrido, donde finalmente todos juntos cruzamos la meta, nos superamos y ganamos la batalla.

Siento el juego de mis propias fichas internas: cuerpo, mente, corazón, actitud, deseo, ego, conciencia, cuidado, cansancio, motivación, dolores inesperados, falta de energía, sed. Todas ponen a prueba mi resistencia.

Al cruzar la meta, levanto los brazos y siento la superación. Es imposible verbalizar esa satisfacción detrás del logro. Después viene la elongación, la hidratación, la relajación. Las piernas tardan en volver a flexionarse, como un recordatorio físico del esfuerzo.

¿Por qué seguimos corriendo si, al final, todo nos duele? ¿Por qué nos entregamos a ese masoquismo dichoso que solamente los corredores podemos comprender?

Kinesiólogos, traumatólogos, antiinflamatorios forman muchas veces parte del paisaje. Pero al sentir una mejoría, volvemos a las pistas, impulsados por el deseo, olvidamos el dolor sufrido. Es una pasión, una necesidad, una adicción que a veces nos hace jurar que será la última vez. Hay una lucha entre lo saludable y las ganas, pero frenar es difícil hasta que el cuerpo, finalmente, a algunos nos detiene. Mientras dure, disfrutamos.

Ante cada entrenamiento, un largo recorrido nos espera. Zapatillas y ropa cómoda bastan para salir a recorrer los caminos que podemos dentro de la ciudad y que bordean lagos, ríos y parques, incluso calles, puentes y laderas.

En mi recorrido por el parque veo la metamorfosis de los árboles. Hay uno en particular, al final del lago de Palermo, que se ha convertido en un viejo amigo, un punto de saludo y elongación, que me recibe con una alfombra de hojas rojas en el otoño.

Prefiero correr por la mañana, para comenzar el día con energía fresca. Correr es disciplina: madrugar, alimentarse, descansar. Un modo de vida.

A veces, enciendo la lista de reproducción de canciones motivadoras, que me reaniman y marcan un nuevo ritmo.

Durante años corrí en grupo, disfrutando de la camaradería y el aliento mutuo. Las carreras en equipo son experiencias inolvidables, metas compartidas que se disfrutan desde el inicio hasta el logro. Los entrenamientos duros se hacen más llevaderos en compañía, las charlas se enriquecen y el café después del entrenamiento es la recompensa.

Empecé a correr por necesidad, buscando una actividad flexible de horarios e intensidad, más aún tras el nacimiento de mis hijos. Zapatillas y a correr, cualquiera fuera el momento.

Mi primera carrera fue una sorpresa. Con zapatillas de tenis y sin experiencia, salí primera en 10 km, una victoria inesperada en la localidad de Lobos, que marcó el inicio de una pasión con una gran copa y amistades duraderas.

Compartir con mi hija esta pasión también fue algo especial. Ver su alegría al cruzar su primera meta, contagiada por mi entusiasmo, nos unió aún más. Correr juntas, charlar y alentarnos en la montaña o en la ciudad son momentos imborrables, de aliento y de abrazos en la llegada.

Las carreras de aventura en la montaña siempre fueron mis favoritas. Atravesar la naturaleza corriendo es puro disfrute, aunque las competencias urbanas tienen su propia adrenalina multitudinaria en un lindo recorrido.

Uno de mis mayores desafíos fue el Cruce de los Andes, 100 kilómetros corriendo de Argentina a Chile, en tres días. El entrenamiento fue arduo, implicó varios meses de disciplina, salir a correr fondos largos, muchos kilómetros, muchas horas, eligiendo terrenos con subidas y bajadas, todo acompañado de ejercicios de fortalecimiento de piernas y el núcleo corporal. El deseo de la experiencia superó cualquier dolor. Cruzar la cordillera, dormir en carpas, enfrentar el terreno virgen: una prueba de resistencia física y mental, en un entorno natural maravilloso. Fuimos hormigas en la inmensidad.

Fue una experiencia transformadora, un espejo de la vida misma... obstáculos y logros, dolor y placer. Nos enseñó la capacidad de superación, la importancia de la pasión y la convicción para alcanzar cualquier meta.

Los días posteriores fueron de descanso y recuperación, en un intento de volver a un estado físico y mental razonable.

Al escribir sobre la experiencia, pude asentar el shock y la excitación. La llegada a casa y el abrazo de mis hijos fueron otro premio.

Luego del desafío, comenzaba otra vez la carrera de la vida. Esa otra, sin entrenamiento, pero con la misma pasión y la certeza de que, mientras el cuerpo, la mente y el corazón lo permitan y se alineen, seguiré adelante.

El cambio inevitable: aceptar y transformar

Mientras estaba terminado de escribir las páginas de este libro, he sufrido unos dolores musculares que me impidieron volver a entrenar y enfrentar los desafíos de carreras y maratones. Mi cuerpo pide aflojar con las tensiones. Corro menos. Sumé otras prácticas de menor impacto. Se extraña la camaradería semanal, las charlas, los kilómetros compartidos con gente querida. A veces la vida pide bajar ritmos. Tanto golpe y exigencia a la vez, no todos resisten, ni es por siempre. Se nos pide circular diferente. Uno puede transformarse, aceptar lo que es y buscar nuevas alternativas.

El running fue una forma de vida durante casi 30 años. El deporte en general, desde siempre. Un placer que pude ganar con disciplina. Y cuando hubo que dejarla, costó tanto como a un fumador dejar su cigarrillo. Pero luego del duelo, viviendo con desapego, se encuentran otras formas de bienestar.

Preguntas para reflexionar

- ¿En qué desafíos o metas actuales sentís que se enfrentan o se alinean tu mente, tu cuerpo y tu corazón?
- ¿Qué pasiones o actividades te generan una satisfacción tan profunda que aceptás el dolor o la incomodidad que traen consigo?
- ¿Cómo equilibrás la intensidad de tus pasiones con el cuidado de tu cuerpo y tu bienestar emocional?
- ¿Qué te está enseñando tu cuerpo hoy sobre los límites? ¿Y sobre el cuidado?
- ¿Qué capítulo se está cerrando y cuál se está abriendo en tu historia?

VIAJES HACIA DENTRO Y HACIA AFUERA

17. DESCIFRANDO EL ALMA JAPONESA: TEORÍA, MAESTROS Y UN VIAJE AL CORAZÓN DE JAPÓN

La vida es un gran viaje, y solo el viaje tiene
la capacidad de transformarnos.

SÉNECA

Esta es la historia de un viaje inesperado que comenzó con una simple teoría estudiada en las aulas de la universidad y se transformó en la inmersión en una cultura que superó mis expectativas, expandió mis horizontes y dejó una huella en mi vida.

Dicha teoría, "Calidad total", me resonó profundamente. Con sus promesas de optimización contínua y respeto por el alma de cada trabajador, parecía algo futurista para el mundo empresarial argentino. Las historias de Toyota, Sony y otras corporaciones niponas eran muestras de eficiencia y armonía que me llamaron la atención, sembraron en mí una semilla de curiosidad por el idioma y el espíritu japonés.

Sin pensarlo, esa curiosidad florecería en el corazón de Buenos Aires, revelándome el alma japonesa en formas tan diversas como inusuales.

La curiosidad

"Calidad Total", esa filosofía que desafiaba a trascender los fríos números de la producción, a inyectar mejora continua en cada área de la empresa y, principalmente, a elevar la calidad de vida de su gente. Un enfoque que humanizaba las materias vistas en mi carrera como Licenciada en Administración de Empresas, y que hablaba un idioma donde eficiencia y bienestar se llevaban de un modo equilibrado. Fue como descubrir un submundo avanzado, integral.

Uchiumi Sensei, mi maestro de la calma

Impulsada por esa fascinación, una idea se apoderó de mi mente: aprender el idioma japonés, tener contacto directamente con la fuente. Encontré a Uchiumi Sensei, quien era la serenidad en el ruido de Buenos Aires.

Más allá de su trayectoria como exdirector de la prestigiosa escuela Nichia Gakuin, lo que realmente me atrajo fue su aura de calma y sabiduría. Budista practicante, maestro de *zazen,* irradiaba un equilibrio que me recordaba al Dalai Lama.

Yo llegaba a sus clases en pleno invierno porteño, envuelta en capas de abrigo, bufanda y guantes, y él me recibía con una simple camiseta blanca sin mangas, regalándome una sonrisa y una frase: "el frío es mental, si usted se relaja, usted no tiene frío". Su castellano, mezclado con acento oriental, conjugaba los verbos como le salía.

En una época donde la meditación y la autoconciencia aún eran rarezas, mis clases con Uchiumi Sensei se convirtieron en un santuario personal. Dos veces por semana, escapaba del torbellino laboral y me sumergía en un espacio único, hasta entonces totalmente desconocido para mí.

Antes de comenzar, mi sensei insistía: "Yo no enseño a usted, si usted tiene mente cansada y ocupada". Así que, antes de abrir el libro y el cuaderno, me pedía que fijara la mirada en la pared blanca, sentados en silencio sobre el suelo. Su voz diafragmática y segura guiaba mi respiración, marcando un ritmo lento y profundo.

Ahí aprendí a respirar y llenar el diafragma, a colmar mi cuerpo de aire para hablar y para relajarme, a dejar que mi voz naciera de ese centro, no de mis pulmones. A veces, incluso me pedía que me acostara boca abajo y me daba suaves palmadas en la espalda.

Este preludio, que al principio me desconcertaba, aquietaba mi mente y me preparaba para recibir sus enseñanzas. Luego, nos sentábamos frente a la mesa; un vaso de agua caliente y otro de té verde con sabor a algas acompañaban las clases. Tomarlos era un desafío al principio, pero me acostumbré.

En ese espacio, mi corazón latía con una mezcla de desafío y fascinación. Tras la exigencia del día, ese tiempo sagrado me demandaba una concentración total que, paradójicamente, me brindaba mucha paz.

Alfabetos finos, elegantes, difíciles: un reto exigente

Aprender japonés era descifrar un código ancestral que desafiaba mi lógica latina. La estructura de las oraciones, invertida, se presentaba como un rompecabezas.

En lugar de un directo "me llamo Karina", el japonés ofrecía un enigmático *Watashi no namae wa Karina san desu,* con el verbo al final de la frase.

Luego estaban los alfabetos: el *hiragana*, el *katakana* y los miles de *kanjis*, esos ideogramas que no solo debía pronunciar, leer y entender, sino que también se entrelazaban con los otros dos alfabetos. Más adelante aprendí a escribir con pluma, de arriba abajo, un movimiento tan ajeno a la escritura que aprendí de niña. Cada trazo es único y se conecta invisiblemente al siguiente, obligándome a levantar la mano entre uno y otro.

La fonética fue el inicio del aprendizaje, luego vino la lectura de las letras y finalmente la escritura, que fue mi mayor conquista, hoy ya olvidada, ante la falta de práctica. Cada nuevo carácter, verbo, *kanji* o palabra aprendida y asentada en mi memoria, era una victoria.

Inmersión en la empresa

Mi sensei, siempre atento a mis inquietudes, me animó para que aplicara a una búsqueda laboral de una importante empresa japonesa con sede en Buenos Aires. Después de varias entrevistas intensas, me ofrecieron el puesto de asistente del gerente de un consorcio japonés formado por los gigantes Mitsubishi, Hitachi y Toshiba.

De repente, recién graduada, me encontré trabajando en un piso alto de un moderno edificio en la zona de Catalinas, con una vista panorámica del Río de la Plata, una zona que hoy conocemos como Puerto Madero, pero que entonces ofrecía la inmensidad del río.

Era la única mujer y la única argentina en un equipo de ingenieros japoneses. Mi tarea principal era colaborar en la gestión de fondos de un proyecto hidroeléctrico, pero también me encargaba de asistir al equipo de ingenieros en todas sus necesidades laborales y de agenda. Incluso me asignaron un asistente personal.

Recuerdo la introducción de las planillas de cálculo en aquella época, y cómo aprendí el Lotus para organizar los reportes y tareas.

Reverencias y respeto

El ambiente de la oficina era de formalidad y cortesía. Las reverencias eran un saludo constante, un lenguaje silencioso de respeto y gratitud que se manifestaba en cada interacción.

Cada favor, cada pedido, venía acompañado de una elegante inclinación de cabeza y una palabra amable: *Arigato gozaimasu*. Todos me llamaban Henquin San (Señora Henquin).

Cierto día, un directivo de alto rango llegó a la oficina directamente desde Japón. Yo estaba de espaldas, absorta en mi computadora, mientras los ingenieros conversaban en voz alta. De repente, un silencio invadió la oficina. Todos se pusieron de pie e hicieron una reverencia mucho más profunda y prolongada, con la cabeza casi a la altura de sus caderas. Una señal de respeto aún más intensa por su jerarquía en la corporación.

Yo no entendía la repentina transformación. Me levanté, me di vuelta y observé la escena en silencio, con respeto, pero fui la única que no hizo la reverencia. Aún hoy me pregunto si actué con corrección o si mi desconocimiento cultural fue una falta.

Budismo y gritos en la oficina, dualidad

Los ingenieros, a pesar de la aparente serenidad que yo asociaba con la cultura japonesa, eran adictos al trabajo y, en ocasiones, muy ruidosos, en contraste con la calma de mi profesor, en mis clases de japonés.

Sus voces se elevaban en acaloradas discusiones sobre cronogramas y avances de proyectos, marcando el ritmo con enormes diagramas Pert y Gantt pegados en la pared.

Sin embargo, el trato hacia mí siempre fue respetuoso y considerado. Me traían pequeños regalos de sus viajes a Japón y el gerente general, Hideaki, me prodigaba un cariño paternal, invitándome incluso a compartir cenas y salidas con su esposa.

Tras mi paso por la empresa, mantuvimos contacto durante mucho tiempo. Conservo fotos y cartas como recuerdo de ese cálido vínculo.

La puntualidad y el cumplimiento de los plazos eran sagrados. Los ingenieros se frustraban cuando los paros y los cortes de ruta en nuestro país interrumpían sus planes de trabajo en la planta de Ensenada. Maldecían en su idioma, que trascendía mi comprensión.

Me comunicaba con ellos en un inglés funcional y mi japonés básico.

El descanso del mediodía

En sus descansos de mediodía, una costumbre tuve que aceptar: dos horas completas dedicadas a "regenerarse". Me obligaban a tomarme ese tiempo. En una Argentina donde un corte tan extenso al mediodía era una rareza, esta práctica japonesa que cuida el descanso del empleado, era una revelación. Lo había aprendido teóricamente en la facultad, en esa materia que me había abierto las puertas a este mundo fascinante.

Con dos horas libres después de mi breve almuerzo, solía caminar o nadar al menos media hora en un club del microcentro.

Al regresar a la oficina, muchas veces los encontraba a todos durmiendo plácidamente alrededor de la mesa de directorio. Muchos roncaban. Era un hábito diario y natural. No perdían eficiencia, la ganaban con ese descanso.

Lecciones de español con sabor a matcha

Tuve la oportunidad de conocer a algunas de sus esposas, especialmente a Ritsuko, la mujer del gerente. Me pidió que le diera clases de español una vez por semana, al finalizar la jornada laboral.

Acepté con entusiasmo y me dediqué a buscar metodologías de enseñanza en manuales escolares.

Les compartí poemas... recuerdo cuánto les conmovió el que comienza "Si volviera a nacer...", les enseñé la conjugación de los verbos, los artículos, los adjetivos y la estructura de las oraciones, tan diferente a sus propias formas.

Fue una experiencia fascinante vivir el marcado contraste entre las vidas de los hombres, absortos en el trabajo, y las mujeres, dedicadas al hogar y al aprendizaje.

Siempre sonrientes, me saludaban con cortas reverencias llenas de dulzura. Me ofrecían té de *matcha*, y con gran entusiasmo me mostraban las tareas que yo les asignaba de una clase a otra.

El domingo de encuentro con la secta inesperada, mi gran papelón...

Mi asistente me invitó a su casa un domingo por la tarde. Me dijo que una persona importante estaría allí y quería que yo la conociera, sabiendo de mi origen judío.

Sin muchas preguntas, acepté ir con mi pareja.

Llegamos a un PH al fondo en el barrio de San Telmo. En el pequeño living, unas veinte personas estaban sentadas en círculo, con los ojos cerrados, tomadas de las manos, recitando oraciones en hebreo y hablando en japonés simultáneamente.

Nunca había presenciado algo así. Una mezcla insólita de budismo y judaísmo, plegarias alternadas en dos idiomas tan distintos y difíciles. No entendíamos absolutamente nada de lo que estaba sucediendo.

La escena nos impactó. Mi pareja luchaba por contener la risa y finalmente terminó contagiándome.

Nos invitaron a unirnos al círculo, a tomar las manos de quienes estaban a nuestro lado, cerrar los ojos y cantar en hebreo canciones tradicionales que sí conocíamos, que se intercalaban con rezos en japonés.

La situación era tan extraña e incomprensible para nosotros que no pudimos evitar reírnos, esas risas nerviosas que uno intenta contener, disimular, pero que el cuerpo traiciona con movimientos involuntarios y sonidos ahogados que se hacen sentir. No podíamos parar… justo en medio de esa ceremonia. Fue el ridículo más grande de mi vida.

Intercambié una mirada cómplice con mi pareja y, con señas discretas, decidimos levantarnos y salir al pasillo a tomar aire y recuperar la compostura. Un lugar pequeño, gente rezando, y nuestras risas resonando irrespetuosamente.

Como si nada hubiera pasado, al finalizar del rezo, mi asistente me invitó a conversar con la persona que quería que yo conociera, el verdadero motivo de la invitación.

Nos esperaba con dos pequeños bancos en la cocina. Vestía una túnica bordó y se presentó como el líder máximo de una secta de Japón que cree fervientemente en *Sion* y la Torá. Me invitó a unirme a ellos y a visitarlos ante las coincidencias que sostenían y sentían por el judaísmo, diciéndome que sería muy bienvenida en su sede en Japón.

Nunca fui, pero agradecí la oportunidad de considerarlo y la riqueza de compartir sus creencias aquella tarde.

Al día siguiente, me reuní con mi asistente, dispuesta a disculparme por la risa imprudente. Le pedí perdón, explicándole que mi pareja era ajeno a esos idiomas y que, sin intención de faltar el respeto, la situación lo había sorprendido, contagiándome a mí, que ignoraba el motivo de la invitación y la práctica completamente desconocida.

Para mi asombro, fue él quien se disculpó por no haberme anticipado el motivo de la misma ya que, de haberlo hecho, hubiéramos ido preparados para esa escena inesperada.

Aquel episodio quedó grabado en mi memoria como una mezcla fascinante de vergüenza y aprendizaje sobre la asombrosa diversidad de creencias.

Un sueño hecho realidad

En 2023, muchos años después de mi experiencia en la empresa japonesa, tuve la fortuna de viajar a Japón con mi pareja.

Fue como entrar en un sueño, confrontar y enriquecer los contrastes que había vivido a través del contacto con su gente.

Fue asombrosa la diversidad de "japoneses" que conocí en aquella etapa de mi vida: el sereno sensei, las delicadas mujeres, los apasionados ingenieros, mi asistente y su secta.

La realidad superó con creces mis expectativas. La tecnología de vanguardia y la sofisticación coexisten en armonía con templos budistas y sintoístas ancestrales.

Un mundo diverso, que continúa llenándome de sorpresas, admiración, me desafió con letras y modos de vivir, pero, sobre todo, me enriquece.

Kaizen e Ikigai

Antes del viaje, me había sumergido en el estudio del *kaizen* y el *ikigai* en diversos cursos de consultoría y coaching.

El *kaizen* es esa filosofía de la mejora continua –el eco de la Teoría Z que me había introducido a este universo–, la búsqueda incesante de evolucionar y mejorar cada día un poco en cada aspecto de la vida y la empresa. Los grandes cambios se producen con pequeños avances diarios.

Y el concepto *ikigai* remite a la búsqueda de un propósito vital, una motivación diaria que prolonga la existencia. Me resultó una revelación maravillosa.

Entendí que tener un motor diario que nos impulse positivamente es esencial para una vida plena y una longevidad buena.

Es una práctica frecuente en Okinawa, una de las zonas azules del planeta, donde la longevidad existe gracias a la combinación de cuidados alimenticios y el cultivo de un quehacer cotidiano que les da motivación para vivir.

Estas ideas, nacidas en esas tierras, también sembraron raíces profundas en mi alma. Lo aprendí, lo quiero transmitir y colaborar para quien lo necesite, quienes deseen mejorar algún área de vida y encontrar su Ikigai.

Preguntas para reflexionar

- ¿Alguna vez una experiencia te despertó una curiosidad tan profunda que te llevó por caminos nuevos e inexplorados?
- ¿Podés recordar a alguien en tu vida que, como Uchiumi Sensei, te haya transmitido calma, sabiduría o una nueva forma de ver el mundo?
- ¿Qué aprendizajes de otra cultura te marcaron o te sorprendieron alguna vez?
- ¿Has reflexionado alguna vez sobre tu propio *ikigai*, tu propósito o motivación diaria? ¿Qué es lo que te impulsa a levantarte cada día?
- ¿Qué acción mínima de hoy, tal como sugiere el *kaizen*, podría abrir el camino a un cambio profundo en algún área de tu vida?

18. DE LA ESQUINA AL CONFÍN DE LA TIERRA: EXPLORACIONES QUE RESETEAN LOS SENTIDOS

No estás destinado a viajar hacia el exterior. Viaja hacia adentro.
El viaje al interior te conducirá a través del universo.

RUMI

> *A veces, la aventura es un respiro cercano, una mirada nueva a lo cotidiano. Otras, una visita a culturas desconocidas. Pero siempre, ya sea explorando la magia de nuestra calle, conociendo historias en pueblos remotos, vibrando con la naturaleza salvaje, dejándonos llevar por la imaginación o hasta un viaje al cielo estrellado, es llenarse de nuevos estímulos.*
>
> *En este relato te invito a recorrer caminos externos e internos, a recordar que en cada paso puede haber una revelación.*
>
> *Lo importante no es la distancia, sino el ser tocados por lo que vemos.*

Los viajes cercanos, redescubrir lo cotidiano

Un viaje no siempre implica kilómetros. A veces, basta con salir a recorrer el barrio con ojos nuevos.

Un sinfín de estímulos que nos da ese pequeño viaje por los alrededores. En cada recorrido cercano, confirmo que viajar es más una actitud que un destino. Es mirar con sorpresa y presencia todo aquello que sucede.

Mi nuevo parque, cerca del lugar adonde me mudé recientemente, siempre me despierta emociones, tiene un encanto especial. Mucha vida, muy barrial. Hay variedad de actividades para adultos mayores, clases de baile, de elongación, de sudoku, bochas, chamamé, escritura, taichi, ferias enormes, conjuntos musicales, gimnasia, calesita, puestos de barras para hacer gimnasia, actividades para chicos con capacidades diferentes... De cada paseo, me traigo infinitas historias nuevas, no dejo de observar a la gente, a los perros, los puestos, las clases, los hermosos bares circundantes y la energía e historias que ruedan por allí.

Así, los lagos de Palermo, así las plazas, así la ciudad…

Un rato, un paseo cercano, un enorme viaje.

Ciudades, pueblos e historia

Hay pueblos donde cada piedra cuenta un relato. Entre casas centenarias o templos antiguos, me gusta imaginar quiénes las habitaron antes. ¿Cómo era la vida entre carruajes y conquistadores?

Me detengo a observar balcones, portones, ventanas, basílicas, esculturas. Me imagino a las personas que caminaron por allí con otras ropas, otras costumbres y urgencias.

Me emocionan las ciudades que decidieron preservar su historia a través de sus edificaciones antiguas, para no olvidar.

A modo de ejemplo puedo mencionar a Roma. La ciudad te detiene a cada paso con su belleza. Impone respeto a su historia. Cada piedra, cada escultura, cada cúpula tiene el alma de los que puntillosamente la diseñaron, pintaron, esculpieron al detalle, con una reconstrucción cuidada y un mantenimiento permanente. Roma enseña que la paciencia puede construir imperios y que el arte no se apura, se espera.

Venecia es el asombro de lo que el ser humano puede crear cuando necesita y se anima. Una metáfora de cómo, incluso sobre terrenos frágiles, podemos construir cosas poderosas y bellas. Una ciudad entera construida sobre el agua, levantada en el siglo V por pueblos que huían de las invasiones bárbaras y encontraron refugio en las islas de la laguna. El barro fue su base, un suelo inestable sobre el que clavaron millones de pilotes de madera de alerce y roble, que al sumergirse y quedar sin oxígeno, se petrificaron y se convirtieron en un cimiento seguro para erigir la ciudad.

Portugal me recordó a los navegantes que se animaron a salir al mar con sus carabelas sin saber qué había más allá. Sus callecitas en subida, sus tranvías, sus acantilados, sus viñedos… mezcla de historias y valentía.

"Navegar es preciso, vivir no es preciso" escribió Fernando Pessoa, uno de los escritores portugueses más emblemáticos.

Grecia, otro encanto. Caminar por donde alguna vez pasaron los filósofos, escuchar los ecos de preguntas y teorías que aún perduran en el tiempo, admirar sus construcciones, sus historias de dioses, tanto como contemplar las islas en ese mar Mediterráneo de azul profundo con sus casitas bien blancas en contraste.

Japón fue otro mundo dentro de este mundo. Me maravillé con sus jardines cuidados, su tecnología sorprendente. Un país donde conviven lo ancestral y lo futurista con una armonía que cuesta explicar. En Shibuya, Tokyo, como en varios de sus barrios, centros y ciudades, los carteles de neón titilan tridimensionalmente como si estuvieran dentro de la ciudad. Entre esas pantallas de luces, paraguas transparentes y gente impecablemente vestida, vi pasar a una mujer con kimono tradicional... y auriculares inalámbricos.

Los baños públicos impecables como quirófanos, con inodoros repletos de botones para música, chorros de agua y calor. Castillos de samurais y por supuesto, los cerezos en flor, que conectan con la fragilidad de la vida.

Israel. Conflictos internacionales casi permanentes. Familias que intentan vivir entre guerras que no eligen. El Muro de los Lamentos, el Mar Muerto, las historias bíblicas, los jóvenes soldados con armas más grandes que ellos. Un país tan pequeño y tan inmenso en significado, en avances sorprendentes en áreas como tecnología, salud, educación, fuerzas militares. Un país con gran diversidad cultural, y tan pequeño en kilómetros.

Sudáfrica me impactó con la fuerza de su fauna salvaje y las marcas de su pasado. Sentí la potencia de la vida en la selva y también el peso de la historia que aún sangra. La desnutrición y pobreza marcan las distintas realidades sociales y distantes.

Y así... España, Francia, Holanda, Inglaterra, Australia, América, Suiza, el Caribe, África, India, China, nuestro bello país Argentina... el mundo entero.

Viajar de pueblo en pueblo, de ciudad en ciudad, de cultura en cultura es abrir los sentidos y también el alma a la diversidad que habita en la tierra. Es dejarse atravesar por otras formas de ser, de creer, de amar, de cocinar, de rezar, de habitar, confirmando que no hay una sola manera de vivir ni de entender la vida.

Montañas, verde, sol y mar: la energía de la naturaleza

Nada me lleva más al presente que perderme en la inmensidad de un bosque o una playa infinita. Selvas espesas, cascadas escondidas, montañas que parecen tocar el cielo con sus picos.

Me detengo, respiro y escucho el viento en las hojas, el agua rompiendo contra las rocas, la sinfonía de grillos, ranas y pájaros. La naturaleza con sus sonidos es un lenguaje puro que no comprendemos, pero que usamos para relajarnos, por ejemplo, en una sesión de spa o de masajes. Es un coro improvisado; una música que calma y llega al alma por lo que genera, aunque no sepamos traducirla.

En los senderos, las raíces de los árboles se hunden, se entrecruzan y sobrepasan la superficie de la tierra, permitiendo ver un entramado que sería imposible destejer. Si observo sus copas, el sol se deja ver; cuando hay lluvia, arman un paraguas, y si vuelve a salir el sol, los tonos de verdes se intensifican. Cuando la naturaleza está húmeda y más aún en la selva o en el bosque, puedo percibir un aroma similar al de un té con hierbas.

Destinos donde el corazón quiere quedarse

Algunos lugares se sienten como hogar desde el primer instante. Algo late, nos hace sentir diferentes. Nos dan ganas de quedarnos, nos impactan, nos llegan al alma, porque poseen ingredientes que nos identifican, nos laten genuinamente. Nos encanta.

En las playas de Costa Rica, especialmente en una llamada Flamingo, cerca de Tamarindo, el corazón me latió diciéndome: "acá te vas a sentir bien si te quedás por un tiempo..."

Con el enorme sol de sus atardeceres, que parece más cercano y me invitaron a detenerme, quedé fascinada. Pude sentarme en la orilla y contemplarlos como una película en primera fila. La frase "Pura vida" se oye dondequiera que uno vaya; un "con mucho gusto" ante cada pedido, encontré un espacio donde el tiempo me parece perfecto. Reúne varios condimentos que me encantan: caminar descalza en la arena y todo el día, practicar yoga al amanecer o atardecer, escribir frente al mar, nadar en sus aguas tibias y sin olas casi sin riesgo, andar sin necesidad de producción de vestuario, cómoda, relajada. Una vida sin artificios, solo esencia, donde la naturaleza te invita a disfrutarla en paz y el contexto genera un lugar ideal para prácticas saludables, donde los días serían la sumatoria de todas mis rutinas placenteras.

Viajar a través de las redes y de la imaginación

No siempre podemos trasladarnos físicamente, pero la mente no tiene fronteras.

Leer, escuchar relatos, perderse en documentales, todo un mundo a disposición en fotografías e historias por redes sociales. Eso también es una forma de viajar, escuchando, dejando volar nuestra imaginación sin avión ni medios de transporte, desde la comodidad del hogar. No podremos viajar a China, pero podemos conocer todo lo que deseamos saber de ella, viajando a través de las experiencias y el contenido que hoy tenemos al alcance en internet.

La humanidad en infinitos modos

El mundo resulta un lugar infinito que enseña y sorprende en cada rincón.

Túnicas bordó, negras, cabezas tapadas, elegancia, hippies, tatuajes, pelos pintados, indígenas, geishas, ortodoxos, sacerdotes, ojos con distintas formas, pieles blancas y morenas.

Tantas creencias, alimentos, rituales y lenguas que varían tanto como los paisajes con sus montañas, desiertos, playas, océanos, campos, llanuras y variedad de especies.

Cuánto.

La inmensidad del cielo y el mar

A veces mirar el cielo es otro gran viaje.

De día, un lienzo azul que cambia a naranja al atardecer.

De noche, un vestido de gala negro con lentejuelas de estrellas que brillan. La Luna, en cualquiera de sus fases, es el dije perfecto que la adorna. Cuando está su face llena, siempre que la miro, siento la presencia de mi mamá, como si me iluminara desde allí.

Me pregunto cuántos secretos guarda el universo ahí arriba, misterioso e inalcanzable. ¿Cómo comenzó todo? Qué maravilla... qué misterio... la materia... la inmensidad... el infinito. Es un viaje que no está al alcance, pero que al mirar hacia lo alto nos lleva a preguntarnos que hay mas allá y deleitarnos con su belleza.

En la profundidad del mar, un mundo marino que no vemos, también misterioso y enorme. Mirando el cielo y el mar, me doy cuenta de lo diminuta que soy, que somos.

Lo que nos deja el viaje ese que decidimos: cerca, lejos o imaginario...

Cada destino nos transforma en alguien con más experiencia y conocimiento. Con más sorpresas y cuestionamientos.

Un mundo amplio, dinámico, inabarcable, injusto, hermoso, misterioso, natural, con invasión e invención humana, que se diversifica, donde la bondad y la maldad confluyen, la pobreza y la riqueza, el día y la noche.

Entre lo cercano y lo lejano, entre la exploración física real y la que vive en nuestra mente, la aventura, en sus diferentes formas, siempre nos espera.

Preguntas para reflexionar

- ¿Qué ciudad o pueblo sentiste como "hogar" sin haber vivido nunca allí?
- ¿Qué descubrís cuando caminás por tu barrio como si fueras un viajero recién llegado?
- ¿Cómo se siente tu cuerpo en la montaña, en el mar o en el bosque? ¿Y en las ciudades antiguas o ultramodernas?
- ¿Qué injusticia social o ambiental presenciaste en algún viaje?
- ¿Qué emociones te despertó alguna vez mirar el cielo o el mar?
- ¿Qué sentiste cuando percibiste que eras parte de algo más grande?
- ¿Dónde "viajás" cuando necesitás refugio emocional o inspiración?

19. EL MISTERIO SILENCIOSO DE LOS ÁRBOLES

Los árboles son los pulmones de la tierra.
JOHN MUIR

Hay una fuerza silenciosa, una presencia que a menudo pasa desapercibida en nuestro ajetreo cotidiano. Para mí, son una fuente de misterio y asombro: los árboles.

En este relato reflejo mi pequeña fascinación, mi mirada hacia esos seres silenciosos que nos rodean, testigos mudos de un recorrido ancestral que me encantaría que me contaran. La contemplación y admiración de sus formas, sus raíces, sus hojas, sus ramas, su mutación estacional y la poderosa energía que irradian al expandirse hacia lo alto y en lo oculto bajo tierra.

Mi curiosidad tiene un imán hacia la naturaleza, y los árboles, con sus troncos y ramas entrelazadas, muchas veces me detienen para que los mire con más atención.

¿Quién sabe cuántos años guardan en su madera? ¿Qué historias han presenciado?

En una calle que suelo transitar, paralela a las vías de Belgrano, hay tres ejemplares que siempre me provocan asombro. Han desafiado el pavimento, levantaron la vereda con un tejido de raíces que se extiende unos sesenta metros. Caminar por allí es un acto de equilibrio sobre una obra de arte natural que me impresiona. Desde sus troncos, una cascada de ramas se derrama hacia la tierra, como brazos que buscan el suelo.

¡Cuánta energía vital fluye por dentro! ¿Cómo, en cuántos años, con qué silenciosa determinación han crecido así?

Parecen buscarse, abrazarse con sus raíces, como si la separación fuera impensable, como si fueran familia y esas raíces se hubieran tejido para no separarse. Y esa vereda, su lugar conquistado.

La clorofila, en el lugar de la sangre, recorre subterráneamente la cuadra, nutriendo lo visible y lo oculto. Una potencia tremenda que ha logrado romper los cimientos de lo construido.

Suelo acercarme a ellos, tocar su corteza, buscando absorber un poco de su energía expansiva, de su historia silenciosa y su sabiduría milenaria.

Me maravilla el verde florecer de sus hojas en primavera y verano, que en otoño se transforma en color oro y cae como una alfombra amarilla, vulnerable al viento, dejándose arrastrar.

En invierno, despojados, los árboles esperan el ciclo de renacimiento.

El viento susurra y la lluvia canta al deslizarse por sus ramas y sus hojas; muchas veces, un movimiento lucha contra el poderío natural para no caerse o desprenderse.

A veces la tormenta gana y deja sus restos tirados en el suelo: no resistieron.

Las raíces, firmes, buscan nuevos espacios bajo tierra para expandirse; y es ahí, cuando no lo encuentran, que rompen o traspasan la tierra y se hacen ver, buscando aire, mientras sus copas se reinventan en cada estación.

En los días soleados, los rayos se filtran, iluminando los verdes, amarillos o marrones, dando esa luz nutritiva que ayuda a la fotosíntesis y resalta sus colores.

Algunos árboles ofrecen frutos, otros, flores, otros solo hojas… Algunos brindan aromas sutiles o perfumes intensos que dejan una agradable sensación.

¡Cuánto misterio encierran los árboles! Su edad, sus memorias y su futuro me intrigan.

Esos árboles urbanos ¿habrán visto las calles de tierra, los carruajes, los transeúntes y casas en épocas coloniales? ¿Hasta dónde se extienden sus raíces en lo que no vemos? ¿Hasta dónde llegarán sus ramas?

Caminar descalza en un bosque, en la selva, en la ladera de una montaña es otra fascinación. Imaginar la energía subterránea que conecta todo. Un movimiento constante, pero casi imperceptible para nosotros.

Si pudieran hablar, ¿qué contarían de lo que han visto, de lo que sienten en sus ciclos vitales, de lo que han escuchado?

¿Les duele la caída de sus hojas? ¿Sienten el brotar de las nuevas? ¿Sufren al marchitarse? ¿Se entretienen observando nuestro ir y venir?

¿Les molesta el paso de los perros junto a sus troncos? ¿Y los pájaros o animales que se posan en sus ramas los alegran?

No emiten sonido, pero se expanden, manifestando su decisión de permanecer, de seguir siendo testigos…

Son valiosos, protegen el planeta, son parte de él, y su tala, que bien usamos, destruye ecosistemas, acelera el cambio climático y deja al planeta sin su principal fuente de oxigeno y equilibrio natural. Se pierden especies, suelos fértiles y la posibilidad de un futuro sustentable.

La mutación hacia un mundo mejor, dejándolos ser, está en camino consciente.

Preguntas para reflexionar

- ¿Qué elementos de la naturaleza te generan una sensación de conexión profunda?
- ¿Qué cualidades específicas de estos elementos te atraen o te inspiran?
- ¿Qué pequeño cambio podrías incorporar para conectar más con la naturaleza y sus ciclos?
- ¿Qué te conecta con la idea de mutación consciente hacia un mundo mejor, y cómo podés aportar desde tu vida cotidiana?

VÍNCULOS ELEGIDOS Y AMOR EN LA MADUREZ

20. AMAR, PERDER Y VOLVER A LATIR: CAMINAR DE A DOS

Amar no es mirarse el uno al otro; es mirar juntos en la misma dirección.
ANTOINE DE SAINT-EXUPÉRY

Este texto es una trama de vivencias, aprendizajes, silencios y decisiones que marcaron mi manera de comprender el amor.

Es un homenaje a mi papá que, desde su dolor, sus luchas de vida, supo reinventarse y volver a sonreír. También es una conversación conmigo misma. Un viaje por mis historias de amor, mis búsquedas, mis pausas necesarias y los caminos compartidos.

No hay verdades absolutas, simplemente una voz que se atreve a contar.

La resiliencia ante la pérdida

Tras sesenta años de vida compartida, la pérdida inesperada de mi mamá por el Covid-19 sumergió a mi papá en una oscuridad que me hizo reflexionar sobre el valor de ese par en la vida, ese cómplice incondicional para transitar los años.

Mi mamá y mi papá se conocieron jóvenes, crecieron juntos, formaron familia, atravesaron luchas, construyeron hogar y, sobre todo, se miraron durante décadas con esa complicidad que dan los años. Mi madre fue su compañía cada mañana y cada noche.

La pandemia nos golpeó de lleno. No solamente nos encerró, sino que mi mamá partió en esos días de aislamiento y miedo. Mi padre se quedó solo en esa casa. Durante cuarenta años, ese fue nuestro hogar familiar, que fue habitado por siete personas, vibrando de vida.

Al principio, su soledad fue digna. Se mantenía ocupado, hablaba de ella, repasaba recuerdos. Se apoyaba en nosotros, trataba de hallarse en esa nueva realidad.

Pero con el tiempo, esa realidad empezó a pesar. Salía con algunos amigos viudos que padecieron el mismo final que mi mamá con el Covid-19.

Su soledad, dolor y desconcierto eran aún mayores. Se fue apagando.

Él estaba vivo… y merecía vivir. Vivir es tener proyectos, no quedarse en un pasado ni en un presente sin motivación.

Debía aprender a seguir viviendo sin ella, aceptando lo que fue, mirando adelante, lo más dignamente posible. Ella se había ido. Y nada podía cambiar.

Quedó solo, con un corazón fuerte, con ganas de no transcurrir y deteriorarse, sino de vivir latiendo.

Papá siempre fue muy vital y activo física, social e intelectualmente. Fue un proceso de aceptación no aferrarse a lo que lamentablemente ya no era, no estaba. Fue un trabajo que fuimos haciendo, sobre todo él, con su terapia y con sus días.

Una vez que encontró un nuevo ánimo, tomó la valiente decisión, a sus casi 80 años, de vender el departamento en el que vivía, que le quedaba enorme, lleno de vacíos. Había que aliviar el pasado, renovar, ajustarse a la necesidad actual. Una casa que fue planeada para muchos, ya no era para uno. Redujo ambientes, cambió de barrio.

Cuando tu padre vuelve a latir

Hoy, verlo sonreír nuevamente, lleno de proyectos, abrazando la vida con otra mirada, con hermosos recuerdos de una vida plena de amor, con su esposa, sus hijos, sus nietos y con una nueva compañera afín, reafirma el valor de poder tener un par en la vida.

Observar su resiliencia fue inspirador.

Su nueva compañera le aporta un nuevo aire. Comparten charlas, películas, recetas, salidas, cursos, viajes, núcleos sociales y amistades... Imparables.

Una mano sobre la otra. Una escucha sincera. Una sonrisa esperando cada día. Volvieron a encenderse en la compañía mutua, proyectando juntos, cuidándose.

Aceptar ese nuevo amor no fue fácil... La culpa, el recuerdo de mi madre, el miedo al qué dirán, todo se cruzaba en el camino. Lo mismo para ella.

Poco a poco, papá entendió que la vida no espera. Que no importaba lo que la gente dijera, que nadie estaba en sus zapatos, en sus ganas, en su vacío difícil pero con ganas de vivir acompañado y alegre.

Era una manera de honrar a quien había visto partir, que seguramente hubiera querido su bien ante lo inevitable. Le hubiera pedido incluso a ella, su nueva compañía, que lo cuidara y que lo pasaran bien. Eso es amor, desear el bienestar del otro, sin egoísmo.

Hoy comparten la simpleza de unos mates con charlas al sol en su nuevo balcón. Son vitamina mutua, un ejemplo de la importancia de un cómplice para disfrutar los años venideros, más aún en esa etapa de vida.

La vida nos desafía constantemente. Sorprende con situaciones donde debemos aprender a soltar, a dejar ir lo que fue, para abrir el corazón a lo nuevo. A practicar el desapego a lo material, a todo lo que existe. Nada, nadie es permanente. Todo avanza, cambia, se desvanece, queda en nuestra memoria y en nuestro corazón.

Entonces lo importante es vivir plenamente.

Mi vida amorosa

Su realidad resonó en mi propia historia de búsqueda de conexiones significativas y el lugar que representan en mí.

Cuando mi papá logró rearmar su vida afectiva, entendí la importancia de seguir compartiendo, de dar el paso hacia un nuevo amor, porque así es la vida, se renueva, se aprende, se crece, continúa mientras el corazón siga latiendo.

Comencé a repasar mi vida, mis amores… mis primeros noviazgos en la infancia, mi primer beso en séptimo grado en un recreo, mi novio de la secundaria, la aventura mochilera por Europa con otro novio a los 21, pasando por la enriquecedora experiencia de trabajar en Chile con otra pareja. Cada relación fue un aprendizaje sobre el equilibrio entre mis deseos y la dinámica de compartir la vida en cada una de esas etapas, a las cuales agradezco.

Luego llegó el matrimonio, que diez años después terminó en divorcio. Nuevas relaciones intensas e inolvidables en las etapas difíciles de crianza de mis hijos, y también un necesario tiempo a solas para reconectar conmigo misma, marcaron mi camino. Esos años de introspección, sin pareja, me enseñaron que a veces es necesario detenerse para evolucionar. En esa etapa conocí algunos hombres, pero no había lugar, en el fondo quería conectarme con mi ser. Necesitaba encontrarme, nutrirme, aprender, pensar, estar conmigo, dentro de esa intensa vida. Hay que estar lo mejor posible con uno mismo, sin pretender que sea el otro el que nos de la paz interna que necesitamos. Estar sólo un tiempo permite reafirmar quién sos, encontrar el bienestar con tu propia compañia amorosa, para luego estar bien con un otro.

Cada relación que elegí y coincidimos transitar con ese otro fue una experiencia con enseñanza, una búsqueda de ese punto de equilibrio entre dos individualidades que tienen sus ritmos e historias.

Luego de todo lo vivido, llegué a mi relación actual, un camino compartido con diferencias entrelazadas con afinidades, en un constante aprendizaje. Disfrutamos viajes, amigos, arte, salidas, nos acompañamos en momentos de cuestionamientos y cambios.

Conocer a fondo a otro ser humano es un viaje sin final. Estar en pareja es el acompañarse de dos corazones diferentes, humores diferentes afectados por diversidad de factores y en ese camino la honestidad es una pieza fundamental. Se trata de mantener viva la elección, de valorar la presencia y extrañar en la ausencia.

El adiós se dice con gratitud cuando los caminos ya no son compatibles ni felices.

Mi forma de amar se manifiesta en una entrega que busca la paz compartida, una presencia constante y atenta, no invasiva. No hay más reglas que las que dicta cada ser.

Los primeros encuentros se convirtieron en una intriga después de aceptar una cita. Una mezcla de esperanza y temor.

Siempre dije que hay que ir sin expectativas. Pasarla bien, conversar y ver qué nos pasa.

¿Cuántas veces se ama de verdad en la vida? Tal vez pocas. Pero cuando ocurre, uno lo sabe. Porque algo profundo se alinea, sin esfuerzo y sin duda.

Con mi pareja actual, el inicio fue inesperado. Tras un contacto en Facebook el día de mi cumpleaños, cuando me saludó y le agradecí sin conocernos, sin saber siquiera quién era... Ese saludo nos llevó a conectar, a conversar y a una primera cita. Su sonrisa iluminó una charla que transcurrió con naturalidad, una conexión intelectual y amorosa de las que me hacen sentir cómoda y relajada.

En esos primeros encuentros mostramos nuestras virtudes, pero también es bueno contar acerca de nuestras vulnerabilidades. Le conté mis batallas pasadas y él las valoró mucho. Sin embargo, la entrega total a veces se siente como un precipicio para mí, una protección instintiva.

Elegimos a ese ser imperfectamente perfecto, tal como nosotros, para transitar juntos –con ritmos individuales– un camino que no sabemos dónde ni cuándo terminará.

La pregunta de compartir el mismo techo surgió naturalmente después de haber tenido que instalarme en su casa durante algunos días.

No hay fórmulas ni leyes más que las que dicta el corazón. Por ahora, la distancia, el tener cada uno su lugar, nos nutre y nos permite mantener nuestros propios santuarios. Si la convivencia llegara, sólo cabría un hogar de aceptación mutua, donde lo individual y lo compartido coexistan con respeto. Hoy, las casas separadas nos funcionan bien... quién sabe más adelante.

Las pequeñas cosas del día a día son las que construyen la intimidad, y se cruzan inevitablemente con la sexualidad y el deseo. Un día malo, un día preocupado, una noche mal dormida, una discusión, una alegría, un mimo… todo influye.

Incluso las crisis nos permiten reencontrarnos luego de una breve separación, con una nueva perspectiva de lo planteado.

Repactamos y seguimos con lo aprendido. El amor se construye. Si en esa evolución flaquean las bases, se puede detener.

Caminar de a dos es aceptar que habrá días soleados y días de tormenta. Que habrá momentos en que el ritmo del otro nos cansará, nos fastidiará, nos pondrá a prueba. Y otros en los que su mano nos levante cuando hayamos caído.

Caminar de a dos es decidir, cada día, que ese compañero vale el tiempo y las ganas. Que su mirada nos sostiene. Que su sonrisa y su caricia nos aliviana las preocupaciones. Que su abrazo nos contiene.

No hay garantías en el amor. Sólo elecciones renovadas.

Mi propia experiencia y la de mi papá en su dolor me enseñaron que vivir sin un amor de pareja es posible y a veces necesario, pero vivir con uno, nos enciende, nos empuja, nos hace dar y recibir.

Cada relación, más allá de su duración, desde el primero hasta el último, dejó una positiva huella en mi historia, con mucho aprendizaje y gratitud hacia cada uno.

Dicen que una de las mejores vitaminas para el ser humano es la ABC: abrazos, besos, caricias.

Preguntas para reflexionar

- ¿Qué significa para vos el amor en este momento de tu vida?
- ¿Cómo atravesaste alguna pérdida significativa en tu vida y qué fue lo que te ayudó a seguir adelante?
- ¿Sentís que ser tu propia compañía es suficiente?
- ¿Qué te aporta hoy tu pareja y qué le aportás vos?
- ¿Qué aspectos del amor en pareja valorás más: la compañía, la autonomía, la comunicación, la pasión, la complicidad? ¿Qué tipo de vínculo te nutre y te impulsa a crecer hoy?
- ¿Cómo te relacionás con la idea de que "el amor se construye día a día" y que requiere compromiso y aprendizaje constante?

21. UN UNIVERSO DE CONEXIONES

En cada vida, en algún momento, nuestro fuego interior se apaga. Luego se enciende por el encuentro con otro ser humano. Todos deberíamos estar agradecidos con aquellos que reavivan nuestro espíritu.

ALBERT SCHWEITZER

En el laberinto de la vida, donde los roles se multiplican y el tiempo es un bien escaso, existe un tesoro siempre disponible –presencial o virtualmente–: la amistad.

Las amigas son mucho más que compañeras de ruta, son un refugio y un motor que impulsan el camino cuando uno flaquea.

Este pequeño relato es un homenaje a la complicidad que nos une y a la fuerza vital y contención que nos inyectamos.

Las amistades son un lugar para ser auténticos sin temor al juicio, un espacio donde los sentimientos más íntimos pueden expresarse.

Las hay de distinta intensidad y modo, todas valiosas.

Testigos de vida

Desde chica entendí, por el ejemplo de mis padres, que la amistad es un tesoro que se cultiva. Ellos me enseñaron el valor de compartir la vida con otros. Mis padres, desde su adolescencia, cultivaron grupos entrañables uno de ellos, vigente: La Barra. Más tarde, nosotros los hijos fuimos llegando, dando vida a La Barrita.

Crecí entre grupos, clubes, campamentos y deportes. Aprendí que la afinidad no se elige: sucede. Los vínculos genuinos nacen de una química inexplicable y quedan grabados en el corazón, aunque el tiempo los aleje.

Les inculqué a mis hijos la misma filosofía: crecer en grupos, formando núcleos de relaciones, ya sea deportivas o sociales, donde sembraron amistades que aún los acompañan. Esos vínculos cómplices de actividades "Son un sentimiento", y así perduran.

Con los años, algunas amistades se transforman y otras permanecen, firmes en la memoria y el corazón. Cuando un lazo sembró confianza, afecto, complicidad y presencia genuina, basta un simple llamado, un mensaje o un encuentro para que todo vuelva a florecer.

La tecnología de hoy hace que un contacto se reactive en segundos, si bien el vínculo verdadero siempre va más allá de la rapidez, requiriendo tiempo, intención y emoción compartida.

En mi grupo de amigas hay mujeres muy distintas entre sí, y esa diversidad nos nutre: cada una observa la vida desde un ángulo diferente, y juntas ampliamos la mirada, comprendemos mejor los desafíos y celebramos los triunfos. Con ellas aprendí que la amistad verdadera necesita escucha, afecto genuino, lealtad y un espacio seguro para compartir, ser y expresarse sin temor a ser juzgada, un cálido hogar.

Como decía Borges: "No hablo de amistad. Hablo de la amistad verdadera, esa que no pide, no exige y sobrevive al tiempo."

Hay vínculos que se vuelven hermanas elegidas. Algunas nacieron en la adolescencia y aún perduran, otras llegaron un poco después, siendo testigos de nuestro camino entre novios, casamientos, embarazos, divorcios, acompañando momentos tristes, iluminando más aún las alegrías, compañeras de deportes, viajes y aventuras. No compartimos sangre, pero sí una familia nacida del corazón, una trama de complicidad y testimonio que sigue tejiéndose con el paso de los años.

Si algún día la memoria me fallara, serán ellas quienes me ayuden a recordar... y viceversa. A veces bromeamos con la idea de terminar juntas en el mismo geriátrico. Nos va cambiando la vida, y seguimos cerca, acompañándonos.

Un ejemplo vivo de lo que estos hilos pueden lograr fue el reencuentro con mi íntima amiga de la adolescencia, Vero, incluso testigos mutuas en nuestros casamientos, y después de veinte años de silencio y distancia. La vida nos había separado; ella emigró a Milán, yo quedé en Buenos Aires, inmersas cada una en nuestras intensas vidas. Al volver a vernos, fue como si el tiempo nunca hubiera pasado: caminamos tres días tomadas del brazo, riendo con la misma confianza de aquellos tiempos, recordando cada una momentos de nuestra historia común, y celebrando juntas la magia de lo que fuimos y lo que hoy somos. Esos hilos pueden atravesar años de distancia y silencio; y cuando se reencuentran, reviven y brillan.

La amistad –esa compañía que no asfixia, ese cariño sin condiciones– es una de las formas más puras de habitar la vida. Nos sostiene, nos alegra, nos recuerda quiénes somos.

Todos esos vínculos han hecho que no camine sola: los que fueron, los que extraño, y los que hoy son en sus diversas formas. Los llevo conmigo, invisibles pero presentes, formando parte de la trama de mi vida.

Preguntas para reflexionar

- ¿Qué tipo de amiga o amigo sos hoy? ¿Qué tipo de vínculo te gustaría cultivar más conscientemente?
- ¿Qué personas en tu vida sentís que son tu refugio emocional?
- ¿En qué momentos específicos te sentiste impulsado/a seguir adelante gracias a una amistad?
- ¿Con quiénes compartiste las grandes transiciones de tu vida?
- ¿Qué vínculo importante se ha dormido con el tiempo y sentís que podría despertar si dieras un primer paso?
- ¿Qué diferencia a una amistad verdadera de una relación que se sostiene por costumbre?
- ¿Cómo te gustaría que te recuerden tus amigas y amigos si mañana no pudieran hablar más con vos?

EPÍLOGO: NUESTRO TIEMPO PRESTADO, UN CAMINO DE EXPERIENCIAS

"Es bueno tomar la vida como un juego, como una diversión...
Ven a sentarte conmigo, quédate conmigo un rato... ya que tú y yo somos uno...
Tú simplemente déjate vivir."

SRI SRI RAVI SHANKAR

No elegimos existir: no decidimos cuánto durará nuestra vida, ni cuándo ni dónde nacer, ni la familia que nos recibe, ni el clima, ni la posición de los astros.

Nos tocó transitar sin pedirlo... Y en este camino cada día es una búsqueda, un desafío con uno mismo.

Al final, nos iremos como llegamos: vulnerables, desnudos, despojados de lo material, llevándonos las experiencias que vivenciamos en este tiempo que nos prestaron. Relato momentos, mi modo de ver y sentir la vida, por si algún día me olvido, y porque revivo algunas de ellas a través de lo que cuento.

Varios tiempos en una vida. Y en cada día, un tiempo íntimo que se vuelve pasado, que muere. No se detiene.

Mientras dure, que nos encuentre despiertos, amando, aprendiendo, creando, existiendo con coraje y presencia.

Somos apenas una chispa, debemos aprender a arder, no para durar, sino para iluminar mientras estemos...

ÍNDICE

Cuerpo en movimiento, cuerpo presente

Viajes hacia dentro y hacia afuera

Vínculos elegidos y amor en la madurez

Made in the USA
Monee, IL
11 November 2026

68341135R00069